もくじ

三省堂版　国語2年

テストの範囲や学習予定日をかこう!

学習計画	
出題範囲	学習予定日
5/14 テストの日	5/10
	5/11

名づけられた葉

主題

「わたし」は人類の中の一人にすぎないけれど、この世にただ一人のかけがえのない存在である。だからこそ独自の人生を精いっぱい生きていかなくてはならない。

テストに出る！

ココが要点

詩の形式

● 現代の言葉で、音数やリズムにきまりのない詩→**口語自由詩**

表現技法

● 比喩…あるものを他の何かにたとえる表現。

・**擬人法**…人間でないものを人間に見立てる表現。

● **体言止め**…文末を体言（名詞）で止める表現。

例 載せられる名はみな同じ　〈ポプラの葉〉

● **倒置**…普通の語順を逆にする表現。

● **反復**…同じ語を繰り返して強調する表現。

例 だからわたし　考えなければならない

…

名づけられた葉なのだから　考えなければならない

テストに出る！

予想問題

解答 p.1

30分

100点

次の詩を読んで、問題に答えなさい。

名づけられた葉

新川和江

ポプラの木には　ポプラの葉
何千何万芽をふいて

---

2 よく出る 〰〰線ⓐ・ⓑに用いられている表現技法を書きなさい。 10点×2〔20点〕

ⓐ

ⓑ

3 詩の第一連ではどのようなことを述べていますか。 〔10点〕

ポプラの葉はどれも［　　　　］と呼ばれること。

4 ――線①「わたしも／いちまいの葉にすぎない」とは、どういう意味ですか。次から一つ選び、記号で答えなさい。 〔15点〕

ア「わたし」とポプラの葉は、同じ生物であり、地球という大きな存在に守られて生きているということ。

イ「わたし」とポプラの葉は、周りと同じようなことばかりしているという点で似ているということ。

ウ「わたし」もポプラの葉と同じように多くの中の一つであり、全体から見たらちっぽけな存在でしかないということ。

エ「わたし」もポプラの葉と同じようにまだ若いので、未来に多くの可能性を秘めているということ。

［　　］

漢字を読もう！ ①誰　②載せる
←答えは左ページ

緑(a)の小さな手をひろげ
いっしんにひらひらさせても
ひとつひとつのてのひらに
載せられる名はみな同じ　〈ポプラの葉〉

わたし(1)も
いちまいの葉にすぎないけれど
あつい血の樹液をもつ
にんげんの歴史の幹から分かれた小枝に
不安げにしがみついた
おさない葉っぱにすぎないけれど
わたしは呼ばれる(b)
わたしだけの名で　朝に夕に

だからわたし　考えなければならない(2)
誰のまねでもない
葉脈の走らせ方を　刻みのいれ方を
せいいっぱい緑をかがやかせて
うつくしく散る法を
名づけられた葉なのだから　考えなければならない
どんなに風(3)がつよくとも

1 この詩の形式を次から一つ選び、記号で答えなさい。〔10点〕

ア 文語定型詩　**イ** 文語自由詩
ウ 口語定型詩　**エ** 口語自由詩

[　　]

5 第二連で、「わたし」とポプラの葉の大きな違いは何だと述べていますか。[　]にあてはまる言葉を、詩の中から抜き出しなさい。〔15点〕

「わたし」は[　　　　　　　]で呼ばれるところ。

6 よく出る ――線②「考えなければならない」とありますが、具体的にはどのようなことを考えなければならないのですか。次から一つ選び、記号で答えなさい。〔15点〕

ア どうしたら、目立たずに他の人と同じように生きていくことができるか。
イ どうしたら、自分の人生を自分らしく精いっぱい生きていくことができるか。
ウ どうしたら、歴史に名を残せるような偉大な人物になることができるか。
エ どうしたら、ポプラの木のように健康で幸せな人生を送ることができるか。

[　　]

7 やや難 ――線③「風」とは、何をたとえたものですか。[　]にあてはまる言葉を考えて書きなさい。〔15点〕

「わたし」の行く手に立ちふさがる[　　　　]。

漢字で書こう！　①だれ　②の（せる）
答えは右ページ➡

教科書 p.20～p.29

セミロングホームルーム

主題

◇おとなしい瀬尾くんに生じた〝危機〟を、クラスメイトと担任の先生がなんとか救おうとする。その心の動きや行動が、ユーモアを交えて描かれている。

5分間攻略ブック p.2

テストに出る！

ココが要点

ひそかになやむ「私」とトリノ（教 p.22～p.23）▶例題

● 瀬尾くんの背中にセミ→瀬尾くんは、セミをネタにできるようなタイプではないし、デリケートな性格。

● 「私」とトリノ…瀬尾くんがセミに驚いて悲鳴をあげたら、みんなが騒ぎ出す。→セミから瀬尾くんを守る対処方法を考えよう。

セミをつまんで放り投げるトリノ（教 p.25～p.27）▶予想問題

● トリノが瀬尾くんの背中のセミをつまんで外に放り投げた。
→トリノと「私」…ほっとして、息を大きく吐き出した。
→瀬尾くん…小さな声だが、はっきりと「ありがとう。」
→トリノと「私」…驚いて、なにも言えなかった。

例題　ひそかになやむ「私」とトリノ

先生たちは結果よりも経過が大切だと口をそろえて言うけれど、それは思うように結果が出なかったときの慰めであって、真実ではないと思う。真実はこうだ。

結果と経過は同等に大切である。

つまり、「瀬尾くんの背中にセミ」という結果と、「瀬尾くんの背中にセミ」という結果を生み出した経過は同等に大切なのであり……。

「竹内、ぼんやりするな。」

今度はソロで注意されてしまった。トリノが呆れ顔で①**ゆっくりと首を左右に振る**。

瀬尾くんがセミを連れてきたことが、クラスのみんなに知られたらと考えると、非常に気が重い。②**瀬尾くんはセミをネタにできるようなタイプではない**し、セ

1 ――線①で、トリノは「私」に何を伝えようとしていますか。

ア 授業中に考えごとをしてはいけないよ。
イ セミのことを考えても仕方がないよ。
ウ 不自然な態度でいてはいけないよ。　（　　）

2 ――線②について、瀬尾くんはどのような人ですか。

いつも［　　　　　　　］人。

答えと解説

1 ウ

「私」とトリノは、瀬尾くんの背中にセミが止まっていることに気づいている。トリノは、「私」が不自然な態度でいると、**クラスのみんなにセミのことを気づかれてしまうから注意しろ**とたしなめている。

2 控えめで無口な

陽気な性格なら、セミが止まっていたことを自ら話題にできるが、**瀬尾くんはそんな人ではない**ので、「私」は心配しているのである。

漢字を読もう！　①閉鎖　②爆笑　③妙な
←答えは左ページ

オとセミとをかけて妙なあだ名が誕生してしまっても困る。とにかくここはセミから瀬尾くんを守らなければ。③**恐らくトリノもそう考えて**、あえて口に出さなかったんだろう。トリノは真面目でいいやつだからな。

だいじょうぶ、時間はある。このロングホームルームの時間を利用して、対処方法を考えよう。

そう考えたとたんに、④**時間はそれほど残されていないかもしれない**ことに気がついた。

セミが急に鳴き始めたらどうすれば？

突然ミーンミーンと鳴き始めたら、デリケートな瀬尾くんは、驚いてあられもない悲鳴をあげてしまうかも。いつも控(ひか)えめで無口な瀬尾くんが、こんなところで妙な声をあげてしまったら、みんなが騒(さわ)ぎ出すにちがいない。それは避けたい。この一匹のセミさんに、私たちの今日一日の運命がかかっている。

横を見ると、⑤**トリノは真剣な表情をして、あごに手を当ててなにやら考えこんでいる。**メガネの奥の目が、目の前のセミを鋭くにらんでいる。私よりもずっと頭のいいトリノは、頭をフルスピードで回転させ、うまくこの場を切り抜ける方法を探しているようだ。

〔戸森(ともり) しるこ「セミロングホームルーム」による〕

3 ――線③のとき、どういうことを考えたのですか。

クラスのみんなに（　　　　）ように、セミから瀬尾くんを（　　　　）ということ。

4 よく出る ――線④のように「私」が考えたのはなぜですか。

瀬尾くんの背中に止まったセミが（　　　　）おそれがあったから。

5 ――線⑤のとき、トリノは何を考えているのですか。

うまくこの場を□□□□□□□□。

6 よく出る 「私」は、トリノをどのような人だと思っていますか。

ア 悪知恵(わるぢえ)の働く人。
イ 真面目で頭のいい人。
ウ 勉強が得意な人。

（　　）

3 例 知られない・例 守らなければいけない

「そう」は、直接は「とにかくここはセミから瀬尾くんを**守らなければ**」を指している。その理由は、「瀬尾くんがセミを連れてきたことが、クラスのみんなに**知られたら**」まずいからである。

4 例 急に鳴き始める

ロングホームルームの時間はまだあるが、もし「**セミが急に鳴き始めたら**どうすれば？」と思い、ゆっくり対処方法を考えている時間はないことに気づいたのである。

5 切り抜ける方法

「私」は、「トリノは、頭をフルスピードで回転させ、**うまくこの場を切り抜ける方法**を探しているようだ」と思った。

6 イ

「私」から見た、トリノの人物像を捉える。「私」はトリノを、「**真面目でいいやつ**」「**私よりもずっと頭のいい**」人と思っている。

漢字で書こう！ ①へいさ ②ばくしょう ③みょう（な）
答えは右ページ➡

テストに出る！

予想問題

解答 p.1 30分 100点

次の文章を読んで、問題に答えなさい。

ロングホームルーム終了まで、あと二十分。残り時間は自習になりそうな気配だ。学級委員が優秀なので、ロングホームルームはいつも時間が余ってしまう。全然ロングじゃない。①これが本当のセミロングホームルーム。

私がばかばかしい考えにとらわれているうちに、黒岩先生は窓の外をちらっと見ると、咳払い（せきばらい）をしながら教室の前に戻っていってしまった。

②先生から「頼んだぞ。」と言われている気がした。

ついにトリノが動いた。左の窓をゆっくりと開け始めたのだ。静かに、静かに、トリノは自分側の窓が開くように、窓を滑らせている。③がんばれ、トリノ。自習が始まってしまったら、クラスのざわめきが消えてしまう。

トリノは音をたてないように立ち上がると、瀬尾（せお）くんの背中にⓐそろそろと手を伸ばし、そこに止まっているセミを、人さし指と親指とでそっとつまんだ。

そして次の瞬間、④光の速さで外に放り投げた。

ⓑ「ばいばい。」

途中まで身動きひとつしなかったセミは、放り出された空中でⓒ我に返ったように羽を広げ、ジジジッと鳴きながら、そのまま遠くまで飛んでいった。その去り際（ぎわ）の鳴き声は、クラスの喧騒（けんそう）の中で無事にかき消された。

2 よく出る ――線②「先生から『頼んだぞ。』と言われている」とありますが、先生はどうするように頼んだと考えられますか。□にあてはまる言葉を、文章中から抜き出しなさい。 5点×2〔10点〕

瀬尾くんのⓐ□に止まったセミを、ⓑ□に逃がすこと。

3 よく出る ――線③「がんばれ、トリノ。」、⑤「やりましたよ、黒岩先生。」には、それぞれ「私」のどんな気持ちが表れていますか。次から一つずつ選び、記号で答えなさい。 10点×2〔20点〕

ア 感謝　**イ** 喜び　**ウ** いらだち
エ 困惑　**オ** 放心　**カ** 祈り

③□　⑤□

4 ――線④「光の速さで外に放り投げた」は、どのような様子を表していますか。考えて書きなさい。 〔10点〕

トリノがセミを投げる動作が、

□

5 ――線⑥「トリノは立ったまま座れなくなっている。」とありますが、なぜそうなったのですか。□にあてはまる言葉を、考えて書きなさい。 〔10点〕

実は、瀬尾くんがセミに

漢字も読もう！ ①殻　②真剣　③叱る
⬅答えは左ページ

セミから瀬尾くんを守りぬいた私たちは、握手でも交わしたい心境で、詰めていた息を大きく吐き出したのだった。⑤やりましたよ、黒岩先生。

　そのとき、瀬尾くんが初めて振り返った。瀬尾くんはトリノを見たかと思うと、小さな声だったけれどはっきりと、

「ありがとう。」

　そう言った。

　私とトリノは驚いて、なにも言えなかった。⑥トリノは立ったまま座れなくなっている。

「⑦座っていいぞ、鳥野。」

　黒岩先生が妙な注意の仕方をした。

　トリノは人さし指でずれたメガネを直すと、ⓓようやく先生の言葉に従った。

〔戸森しるこ「セミロングホームルーム」による〕

1 ――線①「これが本当のセミロングホームルーム。」とありますが、「セミロングホームルーム」の「セミ」には、どのような意味がありますか。□にあてはまる言葉を、考えて書きなさい。10点×2〔20点〕

ロングホームルームの時間が ⓐ［　　　］ ことと、ⓑ［　　　］ のセミとの二つの意味をかけている。

［　　　］ことがわかって、驚いたから。

6 やや難 ――線⑦「座っていいぞ、鳥野。」とありますが、本来なら、黒岩先生はトリノにどのように注意するところですか。「座る」という言葉を使って書きなさい。ただし、「座る」は形を変えてもよい。〔10点〕

「［　　　］、鳥野」

7 〰線ⓐ～ⓓの表現は、どのような様子を表していますか。あとから一つずつ選び、記号で答えなさい。5点×4〔20点〕

ⓐ「そろそろと」
ⓑ「途中まで身動きひとつしなかった」
ⓒ「我に返ったように」
ⓓ「ようやく先生の言葉に従った」

ア　セミが急に速度を速めて飛んでいく様子。
イ　トリノが気を取り直して動き出す様子。
ウ　トリノが注意深く行動している様子。
エ　セミが放り投げられたまま飛ばされる様子。

ⓐ	ⓑ	ⓒ	ⓓ

漢字で書こう！　①から　②しんけん　③しか(る)
答えは右ページ➡

言葉発見① 敬語の意味と種類

確認

◆敬語には、主に丁寧語・尊敬語・謙譲語の三つがある。
◆尊敬語と謙譲語には決まった形の言葉があり、相手や場面に応じて使い分ける必要がある。

テストに出る！ ココが要点

●丁寧語…話し手が、聞き手（＝話し相手）に対して敬意を表す言葉。「です」「ます」「ございます」など。

●尊敬語…話題の中の動作・行為をする人を高める言い方をする言葉。「お〜になる」「ご〜になる」「〜れる・られる」など。

●謙譲語…動作・行為の受け手への敬意を表す言葉。「お〜する」「ご〜する」など。

●美化語…丁寧語のうち、物事を上品に表現するもの。「お茶」「お菓子」「ご飯」など。

特別な敬語

普通の言い方	尊敬語	謙譲語
する	なさる	いたす
いる	いらっしゃる	おる
行く	いらっしゃる	伺う・参る
来る	いらっしゃる・おいでになる・お見えになる	参る
見る	ご覧になる	拝見する
言う	おっしゃる	申しあげる・申す
食べる・飲む	召し上がる	いただく

●自分や身内に対しては尊敬語・謙譲語を使わない。
×お母さんもおっしゃっております。→○母も申して

●敬語を重ねすぎて、二重敬語にならないようにする。
×先生が思い出をお話しになられる。→○お話しになる

テストに出る！ 予想問題

解答 p.2　20分　100点

1 ――線の敬語の種類をあとから一つずつ選び、記号で答えなさい。　3点×8〔24点〕

① お客様がお帰りになる。
② 今日はいい天気です。
③ 明日の十三時に伺います。
④ 先生は校長室にいらっしゃる。
⑤ みなさんがご覧になっている山が富士山です。
⑥ 明日、ピクニックに行きませんか。
⑦ あなたにぜひお目にかかりたい。
⑧ ご活躍のことと存じ上げます。

ア 丁寧語　**イ** 尊敬語　**ウ** 謙譲語

①	②	③	④
⑤	⑥	⑦	⑧

2 よく出る ――線の敬語の使い方が正しい場合は○を書き、間違っている場合は正しく書き直しなさい。　6点×6〔36点〕

① 先生がおっしゃることをよく聞きましょう。
② 田中さんは毎日、私の店に参る。

例題

1 ——線の敬語の種類を選びなさい。

① 先生が我が家にいらっしゃった。
② これは新しくできた図書館です。
③ 社長に申しあげます。

ア 丁寧語　**イ** 尊敬語　**ウ** 謙譲(けんじょう)語

①（　　）　②（　　）　③（　　）

2 （　）にあてはまる敬語を選びなさい。

① お客様がお菓子を（　　）。
② お客様のお菓子をおいしく（　　）。

ア 食べる　**イ** いただく　**ウ** 召(め)し上がる

①（　　）　②（　　）

3 ——線の部分を正しい敬語にしたものはどちらですか。

・準備は私がする。

ア なさいます
イ いたします

（　　）

答えと解説

1 ①イ　②ア　③ウ

①動作・行為をする人は「先生」である。**「いらっしゃる」は「来る」の尊敬語**。②**丁寧語は「です」「ます」「ございます」**など。③「社長」は行為の受け手。**「申しあげる」は「言う」の謙譲語**。

2 ①ウ　②イ

①動作をする人は「お客様」なので**尊敬語**を使う。②動作・行為の受け手は「お客様」なので、お客様に対してへりくだった言い方である**謙譲語**を使う。

3 イ

動作・行為をするのは「私」なので**謙譲語**を使う。「する」の**謙譲語**は「いたす」。「なさる」は**尊敬語**。ア・イはそれぞれに丁寧語の「ます」がついている。

---

③ 校長先生は毎朝、新聞をお読みになられる。
④ 皆様(みなさま)のお越しをお待ちしております。
⑤ あなたは野球をいたしますか。
⑥ この花をあなたに差し上げましょう。

①	③	⑤
②	④	⑥

3 やや難　**次の文を、敬語を用いて書き直しなさい。**　10点×4（40点）

① 先生が車いすを利用する。

② 先生からもらった画集を見た。

③ 明日、私は家にいる。

④ そのいすに座ってください。

漢字で書こう！　①こうい　②してき　③かざ(る)
答えは右ページ➡

教科書 p.40〜p.43

じゃんけんは、なぜグー・チョキ・パーの三種類なのか

要旨

◇二種類や四種類のじゃんけんは成り立たない。グー・チョキ・パーの三種類のじゃんけんは、誰にも平等に勝つチャンスがあるので、公平な決定ができる。

5分間攻略ブック p.3

テストに出る!
ココが要点

じゃんけんが成り立つ条件（教 p.41〜p.42）▶例題

● じゃんけん…全ての手が平等に勝ったり負けたりする関係であることが成立の条件。→グー・チョキ・パーの三種類のじゃんけん
● 二種類のじゃんけん…あいこばかりで決着がつかない。
● 四種類のじゃんけん…手の間に不公平ができる。

じゃんけんが三種類である理由（教 p.40〜p.42）▶予想問題

じゃんけんは三種類でなければならないのか
● 二種類や四種類…全ての手が平等に勝ったり、負けたりするという関係ではなく、物事を決める手段として成り立たない。
● 三種類…誰にも平等に勝つチャンスがあり、公平な決定ができる。

例題　じゃんけんが成り立つ条件

①**じゃんけんが成り立つため**には、全ての手が平等に勝ったり、負けたりするという関係であるかが重要な条件になります。

もし、②**二種類**だとどうでしょうか。じゃんけんをグーとパーだけとか、パーとチョキだけとかの二種類で行うというものです。これは、じゃんけんとして成り立つでしょうか。

この場合、例えばグーとパーだけなら、誰もが勝つためにパーを出します。グーを出す人はいません。ですから、パーの連続、つまり、あいこばかりで、いつまでたっても決着はつきません。二種類のじゃんけんでは、物事を決めるための手段としては役に立たないということです。

1 よく出る　――線①の条件はどんなことですか。

□□の手が□□に勝ったり、負けたりするという関係であること。

2 ――線②の場合、実際にじゃんけんをするとどうなりますか。

ア どちらかの人が常に勝つことになる。
イ どの人も勝ったり負けたりする。
ウ あいこばかりになる。

（　　）

3 ――線③は、どのようなじゃんけんですか。

答えと解説

1 全て・平等

じゃんけんでは、「**全ての手が平等に勝ったり、負けたりするという関係である**」ことが条件になる。

2 ウ

グーとパーの二種類だけなら、「**誰もが勝つためにパーを出**」すので、じゃんけんをしても「あいこばかり」になる。

3 チョキ・一本・ピン

漢字を読もう! ①誰　②探る
←答えは左ページ

それでは、③**四種類**だとどうでしょうか。ここでは、グーとチョキとパーの他に、四種類めとして「ピン」というのを考えることにします。人さし指を一本だけぴんと立てたものです。この四種類でのじゃんけんを、例えば図2のように示すと、四つが一組で、ぐるぐる回る関係となり、じゃんけんが成り立っているように見えます。

しかし、これだけでは、じゃんけんにはなりません。パーとグーとの関係、チョキとピンとの関係がわからないからです。そこで、パーとグーとでは、普通のじゃんけんと同じように、パーが勝つとします。また、チョキとピンとでは、チョキが勝つとします。すると、四つの関係は、図3のようになります。

ところが、④**これでは、不公平になってしまいます。**チョキとパーは二つの相手に勝って一つの相手に負ける。グーとピンは一つの相手に勝って二つの相手に負けるからです。

そのうえ、よく考えてみると、このルールでは、ピンを出す意味が全くなくなります。ピンもパーも、グーに勝ってチョキに負けます。これでは、ピンに勝つパーを出すほうが有利です。それで、誰もピンを出さなくなれば、⑤**結局、三種類のじゃんけんと同じことになります。**

〔加藤良平（かとうりょうへい）「じゃんけんは、なぜグー・チョキ・パーの三種類なのか」による〕　※図は省略しています。

グー、［　　　］、パーに加えて、人さし指を［　　］だけぴんと立てた［　　］の四種類で行う。

4 ——線④の理由を選びなさい。

ア　チョキとパーのほうがグーとピンより有利になるから。

イ　グーとピンのほうがチョキとパーより有利になるから。

ウ　ピンは勝つ相手がいないから。

（　　）

5 よく出る ——線⑤とありますが、なぜですか。

ピンとパーでは、ピンに勝つパーのほうが（　　）なので、ピンを出す意味が（　　）ため、ピンを出す人が（　　）から。

6 じゃんけんが成り立つためには、手は何種類にすればいいですか。

（　　）

四種類のじゃんけんとは、「**グーとチョキとパーの他に、四種類めとして『ピン』というのを考える**」。「ピン」は、「**人さし指を一本だけぴんと立てたもの**」。

4 ア

「チョキとパーは二つの相手に勝って一つの相手に負ける」が、「グーとピンは一つの相手に勝って二つの相手に負ける」。したがって、**チョキとパーの方がグーとピンより有利になり**、不公平である。

5 有利・全くなくなる・誰もいなくなる

ピンとパーのどちらも「グーに勝ってチョキに負け」るが、パーはピンに勝つ。「**パーを出すほうが有利**」なので、「**誰もピンを出さなくなり**」、三種類のじゃんけんをやっているのと同じになる。

6 三種類

グー・チョキ・パーの三種類にすれば、じゃんけんは成り立つ。

漢字で書こう！　①だれ　②さぐ（る）
答えは右ページ➡

テストに出る！

予想問題

解答 p.2　30分　100点

次の文章を読んで、問題に答えなさい。

1 グループ学習で最初の発表者を誰にするか、切り分けたケーキを誰から選ぶかなど、ちょっとしたことを決めるときに、よくじゃんけんをします。じゃんけんは、道具も何も使わずに、ほぼ公平な決定ができるので、大変便利な決め方です。

2 ①じゃんけんは、グーとチョキとパーの三種類で行います。そして、グーはチョキに勝ち、チョキはパーに勝ち、パーはグーに勝つというルールで成り立っています。矢印は、勝ちから負けに向けてあります。この関係を矢印で示すと、*図1のようになります。

3 では、じゃんけんは三種類でなければならないのでしょうか。他の種類では成り立たないのでしょうか。②その可能性を探ってみることにします。

4 ③じゃんけんが成り立つためには、全ての手が平等に勝ったり、負けたりするという関係であるかが重要な条件になります。

5 もし、二種類だとどうでしょうか。じゃんけんをグーとパーだけとか、パーとチョキだけとかの二種類で行うというものです。④これは、じゃんけんとして成り立つでしょうか。

6 この場合、例えばグーとパーだけなら、誰もが勝つためにパーを出します。グーを出す人はいません。ですから、パーの連続、つまり、あいこばかりで、いつまでたっても決着はつきません。二種類のじゃんけんでは、物事を決めるための手段としては役に立たないということです。

1 ――線①「じゃんけん」についての説明として適切でないものを次から一つ選び、記号で答えなさい。〔5点〕

ア 手はグーとチョキとパーの三種類である。
イ どの手も、勝つ相手と負ける相手が一つずつある。
ウ ルールが複雑である。
エ ほぼ公平な決定ができる。

2 ――線②「その可能性」とは、どういう可能性ですか。□にあてはまる言葉を、文章中から抜き出しなさい。5点×2〔10点〕

じゃんけんは ⓐ□□□ でなければならないのか、ⓑ□□□□ では成り立たないのかという可能性。

3 よく出る ――線③「じゃんけんが成り立つため」には、どのような条件が必要ですか。文章中の言葉を使って書きなさい。〔15点〕

4 よく出る ――線④「これは、じゃんけんとして成り立つでしょうか。」とありますが、二種類のじゃんけんは成り立ちますか。文章中の言葉を使って書きなさい。10点×2〔20点〕

あいこばかりで ⓐ□ ので、

7 それでは、四種類だとどうでしょうか。ここでは、グーとチョキとパーの他に、四種類めとして「ピン」というのを考えることにします。人さし指を一本だけぴんと立てたものです。この四種類でのじゃんけんを、例えば図2*のように示すと、四つが一組で、ぐるぐる回る関係となり、じゃんけんが成り立っているように見えます。

8 しかし、⑤これだけでは、じゃんけんにはなりません。パーとグーとの関係、チョキとピンとの関係がわからないからです。そこで、パーとグーとでは、普通のじゃんけんと同じように、パーが勝つとします。また、チョキとピンとでは、チョキが勝つとします。すると、四つの関係は、⑥図3*のようになります。

9 ところが、これでは、不公平になってしまいます。チョキとパーは二つの相手に勝って一つの相手に負ける。グーとピンは一つの相手に勝って二つの相手に負けるからです。

10 そのうえ、よく考えてみると、このルールでは、ピンを出す意味が全くなくなります。ピンもパーも、グーに勝ってチョキに負けます。これでは、ピンに勝つパーを出すほうが有利です。それで、誰もピンを出さなくなれば、結局、三種類のじゃんけんと同じことになります。

11 グーがチョキに勝ち、チョキがパーに勝ち、パーがグーに勝つ。じゃんけんは、たったそれだけの単純なルールでありながら、誰にも平等に勝つチャンスがあり、ちょっとしたことを簡単に決めるためには、誰にも文句のつけようがないしくみなのです。

〔加藤(かとう) 良平(りょうへい)「じゃんけんは、なぜグー・チョキ・パーの三種類なのか」による〕

＊図は省略しています。

二種類のじゃんけんは ⓑ ［　　　］。

5 ——線⑤「これだけでは、じゃんけんにはなりません」とありますが、図2の四種類でのじゃんけんに欠けているものは何ですか。教科書の図2を見ながら、次から二つ選び、記号で答えなさい。 完答〔10点〕

ア パーとグーとの関係
イ パーとピンとの関係
ウ チョキとグーとの関係
エ チョキとピンとの関係

［　　］［　　］

6 やや難 ——線⑥「図3」の四種類のじゃんけんでは、どのようなことが問題になりますか。教科書の図3を見ながら、二つ書きなさい。 15点×2〔30点〕

［　　　］
［　　　］

7 よく出る この文章の段落を、「序論（背景説明と問題提起）→本論1→本論2→結論」に分けるとどうなりますか。次から一つ選び、記号で答えなさい。〔10点〕

ア 1 2 → 3 4 → 5 6 7 8 9 10 → 11
イ 1 2 3 → 4 5 6 → 7 8 9 → 10 11
ウ 1 2 3 → 4 5 6 → 7 8 9 10 → 11
エ 1 2 3 4 → 5 6 → 7 8 9 10 → 11

［　　］

漢字で書こう！ ①ふつう ②とら(える)
答えは右ページ➡

教科書 p.44〜p.51／p.57

人間は他の星に住むことができるのか
言葉発見② 言葉のはたらきとコミュニケーション

要旨

◆私たち人間は地球以外の星に住むことができるのか。「地球からの距離」と、「生きていく環境」がそろっているかという条件に合っているかどうかを検証する。

5分間攻略ブック p.3

テストに出る！ **ココが要点**

月・金星・水星の検討（教 p.45〜p.46）➤ 例題

人間が生きていくためには、水・大気・適度な重力が必要。

● 月……地球から最も近い天体。水・大気はほとんどない。重力も小さい。
● 金星…重力が地球とほぼ同じ。二酸化炭素でできた大気。水がない。
● 水星…太陽に最も近い。大気はほとんどない。水もない。

火星の検討（教 p.46〜p.48）➤ 予想問題

● 薄い大気がある。→人体に有害な宇宙線を和らげることができる。
● 地球の約四割の重力。→安定して暮らすことができそう。
● 一日の長さが地球の一日に近い。→体内時計に大きな変化がない。
● 水の存在を確認。→火星に移り住める可能性がある。

例題 月・金星・水星の検討

①**人間が他の星に移り住むため**には、「地球からの距離」と「生きていける環境」が重要な条件になります。

最初に、月はどうでしょうか。月は地球から最も近い天体であり、人間が既に到達したことがある唯一の星です。

しかし、残念ながら月には水も大気もほとんどありません。水は、人間の体をつくるものであり、水がない環境では人間は生きてはいけません。また、大気というのは、熱を逃さない毛布のような役割を果たします。大気がないと、その星の温度は急激に下がったり、上がったりしてしまうため、安定しません。大気がない星というのは、人間が生きていくには厳しい環境だといえます。そのうえ、月は重力も地球の六分の一程

1 ——線①のために重要な条件は何ですか。

・地球からの（　　　）。
・生きていける（　　　）。

2 よく出る ——線②とは何ですか。「大気があること」以外であと二つ抜き出しなさい。

・［　　］があること。
・大気があること。
・適度な［　　］があること。

答えと解説

1 距離・環境

「地球からの距離」とは、「地球から移り住めるくらい近い距離にあること」という意味。

2 水・重力

直前の文に「月は重力も地球の六分の一程度しかありません」とあり、これを含めて、月は人間が生きていける環境の条件を満たしていないとある。つまり、地球のような**適度な重力**が必要だということ。

漢字を読もう！ ①溶かす ②撮影 ③堆積
←答えは左ページ

度しかありません。したがって、月は②**人間が生きていける環境の条件**を満たしていません。

次に、地球からの距離が近い金星はどうでしょうか。金星は大きさや質量が地球に近いので、重力も地球とほぼ同じです。③**「地球の姉妹惑星」と呼ばれる**ほどです。もし人間が金星に住んでも、重力の変化による体の負担はほとんどないと考えられます。

また、金星には、月にはなかった大気もあります。ただし、その九六パーセントが二酸化炭素でできています。そのため、二酸化炭素による温室効果によって、金星の表面温度は五〇〇度近くもあり、たとえ水があったとしても、全て蒸発してしまいます。人間が生きていくために欠かせない水を確保することは難しいようです。

地球からの距離という点では、水星も移り住める可能性がある星です。しかし、水星は太陽に最も近く、大気もほとんどないので、④**表面温度が昼間は四〇〇度、夜にはマイナス一七〇度にもなります**。この厳しい環境では、やはり水を確保することはできません。

〔渡部潤一（わたなべじゅんいち）「人間は他の星に住むことができるのか」による〕

3 ――線③の理由を説明しなさい。

（　　　）や質量が地球に近く、重力が地球とほぼ（　　　）だから。

4 金星の特徴を選びなさい。

ア　地球からの距離が最も近い。
イ　ほぼ二酸化炭素から成る大気がある。
ウ　表面温度の昼夜の差が激しい。

（　　　）

5 ――線④の理由を説明しなさい。

太陽に最も（　　　）、（　　　）もほとんどないから。

6 よく出る　人間は、次にあげる星に移り住むことはできますか。移り住める場合には○、移り住めない場合には×を書きなさい。

(1) 月（　　　）
(2) 金星（　　　）
(3) 水星（　　　）

3 大きさ・同じ

金星は、大きさや質量、重力などが地球と類似しているため、「地球の姉妹惑星」と呼ばれるのである。

4 イ

ア…地球からの距離が最も近いのは月。ウ…昼夜の表面温度の差が激しいのは水星。昼夜で五七〇度も差が出る。

5 近く・大気

直前にある「〜ので」に着目する。近くから太陽熱を受けやすく、また温度を保つ大気がないので、大きな気温差が生まれる。

6 (1)×　(2)×　(3)×

月、金星、水星はいずれも、「生きていける環境」という点で人間が移り住むのに**適していない**。

漢字で書こう！　①と（かす）　②さつえい　③たいせき
答えは右ページ➡

テストに出る！

予想問題

解答 p.3

30分

100点

1 次の文章を読んで、問題に答えなさい。

それでは、地球のすぐ外側を回っている火星はどうでしょうか。(①)

まず、火星には大気があります。大気はとても薄いのですが、人体にとって有害な宇宙線などを多少なりとも和らげることができます。次に、重力はどうでしょうか。火星の重力は地球の約四割といわれます。この火星の重力が人間の健康にどれほど影響を及(およ)ぼすのかは、実はまだよくわかっていません。ただし、月の重力と比べれば、火星では比較的安定して暮らすことができそうです。それから、火星の一日の長さが地球の一日に近いことは利点です。このことによって、もし人間が移り住んでも、体内時計を大きく変えることなく生活できます。

では、火星には人間が生きていくために必要な水はあるのでしょうか。

アメリカは長年、火星探査を行ってきました。その結果、火星には表面に川のような地形があることがわかってきました。

探査機が火星を撮影した写真を詳しく見ると、川の流れによって深くえぐれたと思われる部分や、その堆積物がありそうなことがわかりました。また、高原地帯には「チャネル」(②)と呼ばれる曲がりくねった地形もたくさん見つかりました。これは、一時期に大量の水が流れ出てできたのではないかと考えられました。

一九九七年には、探査機マーズ・パスファインダーが火星着陸に成功し、形の細長い岩が同じ方向を向いているのを発見しまし

2 ――線②「チャネル」とは、どのような地形ですか。次から一つ選び、記号で答えなさい。〔10点〕

ア 川が緩やかに流れていたと思われる平らな地形。
イ 地震(じしん)によってできたと思われる大きく傾いた地形。
ウ 長い間に積もってできたと考えられる地層のような地形。
エ 大量の水が流れ出たと考えられる曲がりくねった地形。

□

3 よく出る ――線③「火星にもかつて海や湖があったことが証明されました」とありますが、探査機がどのようなことを発見したことで証明されたのですか。〔15点〕

□

4 やや難 ――線④「かつて火星に存在した水の一部が、地下に永久凍土として埋まっている」のはなぜですか。「火星は……から。」となるように、文章中の言葉を使って簡潔に書きなさい。〔20点〕

火星は、□から。

漢字を読もう！ ①恵まれる ②到達 ③唯一
←答えは左ページ

た。これは、以前に洪水が起こったと考えられる決定的な証拠となり、③火星にもかつて海や湖があったことが証明されました。そして、二〇〇九年、探査機フェニックスが、④かつて火星に存在した水の一部が、地下に永久凍土として埋まっていることを確認しました。火星は太陽から遠いため、表面に届く太陽のエネルギーの量は、地球に届く量の半分程度しかありません。そのため、火星は地球と比べて非常に寒く、平均表面温度はマイナス四三度、最低温度はマイナス一四〇度にもなります。それで、火星の水は氷として地下に眠っているわけです。

この氷を溶かして水にすることができたら、⑤私たちが火星に移り住む可能性は広がります。

〔渡部潤一「人間は他の星に住むことができるのか」による〕

1 よく出る ――線①「火星はどうでしょうか」とありますが、次の「まず……」で始まる段落での火星の検証をまとめた次の文の□にあてはまる言葉を、文章中から抜き出しなさい。 5点×3〔15点〕

・火星には薄い ⓐ□ があり、人体に有害な ⓑ□ などを和らげることができる。

・ⓒ□ は地球の四割程度である。

・一日の長さが地球と近いという利点がある。

5 ――線⑤「私たちが火星に移り住む」には、どのようにして水を手に入れればよいと、筆者は述べていますか。文章中の言葉を使って書きなさい。〔15点〕

□ 水にする。

6 この文章を二つのまとまりに分けるとすると、後半はどこからになりますか。後半のはじめの五字を抜き出しなさい。〔10点〕

□□□□□

2 次の場合に、相手に配慮した言い方をあとから一つずつ選び、記号で答えなさい。 5点×3〔15点〕

① 友達に本を貸してほしいと頼むとき
ア 本を貸してくれるとうれしいな。
イ 本を貸してくれよ。

② 町を歩いている人に募金を頼むとき
ア 募金してください。
イ 募金していただけるとうれしいです。

③ 実行委員になってほしいという友達の頼みを断るとき
ア 嫌だ。私には無理。
イ 悪いけど、私には荷が重すぎてできないよ。

①□ ②□ ③□

漢字で書こう! 答えは右ページ➡ ①めぐ(まれる) ②とうたつ ③ゆいいつ

教科書 p.60～p.68

短歌の世界／短歌十首

要旨

◆短歌は、五七五七七という定型の詩。人々は昔から短歌にさまざまな思いをこめて詠んできた。独特のリズムで味わうことのできる日本が誇る文化の一つである。

5分間攻略ブック p.4

テストに出る！ ココが要点

短歌の世界（教 p.60～p.62）➤**例題**

- 音の数え方
  - 五・七・五・七・七の三十一音からなる。
  - 五音・七音より多いものを**字余り**、少ないものを**字足らず**という。
- 句切れ…言葉のつながりや意味のうえで切れめとなるところ。

短歌十首（教 p.64～p.65）➤**予想問題**

- 体言止め…歌を体言（名詞）で止め、余韻を残す。
- 比喩…他のものにたとえて印象を強める（直・隠喩を含める）。
- 反復…同じ言葉を繰り返すこと。リズムをつくったり、その言葉を強調するはたらきがある。

例題 短歌の世界

①**五音七音のリズム**は、日本語を心地よく聞かせてくれる魔法のようなものです。②**このリズムに言葉をのせると、とても調子がよくなる**ことを、短歌を声に出して読むことで実感してみてください。

短歌は、短い詩ですから、③**全てを説明することはできません**。その分、読者が想像力をはたらかせて読むという楽しみがあります。

④「**寒いね」と話しかければ「寒いね」と答える人のいるあたたかさ**

俵万智

1 ――線①について、短歌はどのようなリズムになっていますか。

□・□・□・□・□

2 ――線②を実感するにはどのようにしたらいいですか。

短歌を（　　　　）に出して読む。

3 よく出る ――線③について、その代わり、短歌にはどのような楽しみがありますか。

答えと解説

1 五・七・五・七・七

短歌は三十一音からなる。促音（「っ」）・長音（のばす音）・撥音（「ん」）は一字、拗音（「ゃ」「ゅ」「ょ」のつく音）は二字で一音と数える。

2 声

「リズムに言葉をのせる」とは、五音七音のリズムにのせて、短歌を声に出して読むことである。

3 想像力

短歌は短い詩なので作者の心情

漢字を読もう！ ①投稿欄 ②珍しい ③皆

←答えは左ページ

この短歌を、私は恋の場面で詠(よ)みました。状況を全部は説明できないので、寒いねと声をかけ合う人がいることで心が温かくなる、そのことに絞って表現しました。

恋の歌と受け止めた人も多くいますが、ある人は「家族のやりとり」と捉え、ある人は「旅先での会話」を思い浮かべました。それぞれの読者の心に、それぞれの「あたたかさ」が伝わることが大切なのです。

⑤**観覧車回れよ回れ想(おも)ひ出は君には一日(ひとひ)我には一生(ひとよ)**　栗木(くりき)京子(きょうこ)

「君」と「我」が遊園地でデートしている場面です。観覧車に乗っている二人は、幸せなカップルに見えるかもしれません。けれど、作者は感じているのです。相手にとってはたった一日の想い出である今日という日が、自分には一生の想い出となるだろうと。この⑥**温度差**が、現在の二人の状況を示して、せつない恋の歌です。「君」と「我」、「一日」と「一生」という対比が効いていますね。「回れよ回れ」という命令形と繰り返しが、勢いとリズムを生んでいることなども鑑賞のポイントとなるでしょう。〔俵(たわら)万智(まち)「短歌の世界」による〕

読者がいろいろと［　　　］をはたらかせながら読む楽しみ。

4 ――線④の短歌で作者が伝えたいとしているものは何ですか。

ア　あたたかいものを食べたい思い。
イ　寒さを我慢することへの悲しさ。
ウ　声をかけ合う人のいる心のぬくもり。
（　　）

5 よく出る ――線⑤の短歌について答えなさい。

(1) 何句切れですか。　［　　］句切れ

(2) 用いられている表現技法を選びなさい。
ア　対句
イ　字余り
ウ　倒置
（　　）

6 ――線⑥の意味を選びなさい。
ア　デートや相手に対する関心の差。
イ　相手と自分が感じている気温の差。
ウ　過去と現在の考え方の差。
（　　）

の全ては表せない。だからこそ読者は解釈の余地が広がり、**自由に想像して短歌を味わい楽しむことができる。**

4 ウ
すぐあとに「寒いねと声をかけ合う人がいることで心が温かくなる」とある。**声をかけ合う相手がいることで得られる心のぬくもり**を描いた短歌である。

5 (1)二　(2)ア
(1)**「回れよ回れ」で意味が切れる。**また、命令形になっていることで、歯切れのよさが歌に弾みをつけている。
(2)**「君」と「我」、「一日」と「一生」が対句**になり、リズムを作っている。

6 ア
「温度差」には「関心の度合いや態度の違い」といった意味がある。ここでは、強い思いをもつ「我」と、それほどでもないような「君」の、関心の度合いの差を表している。

漢字で書こう! ①とうこうらん　②めずら(しい)　③みな
答えは右ページ➡

テストに出る！

予想問題

解答 p.3

30分

100点

次の短歌を読んで、問題に答えなさい。

A　くれなゐ(イ)の二尺伸びたる薔薇(ばら)の芽の針①やはら(ワ)かに春雨(はるさめ)のふる　正岡(まさおか)　子規(しき)

B　その子二十(はたち)櫛(くし)にながるる黒髪のおごりの春のうつくしきかな　与謝野(よさの)　晶子(あきこ)

C　みちのくの母のいのちを一目見ん一目みんとぞただにいそげる　斎藤(さいとう)　茂吉(もきち)

D　草わかば色鉛筆の赤き粉(こ)のちるが②いとしく寝て削るなり　北原(きたはら)　白秋(はくしゅう)

E　白鳥(しらとり)は哀(かな)しからずや空の青海のあを(オ)にも染まずただよふ(ウ)　若山(わかやま)　牧水(ぼくすい)

3 よく出る　Bの短歌の鑑賞文として適切なものを次から一つ選び、記号で答えなさい。〔10点〕

ア　飾り櫛を挿(さ)すような豊かな髪がほしいと感じている。

イ　成人したわが娘(むすめ)が早く独立してほしいと突き放している。

ウ　髪をとかす若い女性の美しさもはかないものだと嘆いている。

エ　若さあふれる作者が自分の美しさを誇(ほこ)らしく歌い上げている。

□

4　Cの短歌について説明した次の文の□にあてはまる言葉を書きなさい。10点×2〔20点〕

作者は、母の危篤(きとく)の知らせを受け、生きているうちにⓐ□と思い、作者のⓑ□へと急いでいる。

ⓐ□

ⓑ□

5　――線②「いとしく」とありますが、何を「いとしく」思っているのですか。次から一つ選び、記号で答えなさい。〔5点〕

ア　草わかばの生命力。

イ　草わかばの緑と赤鉛筆の粉の色。

ウ　赤鉛筆を削る作業。

エ　春の心地(ここち)よい風と天気。

□

6 よく出る　Eの短歌に用いられている対比について説明した次の文にあてはまる言葉を、漢字一字で書きなさい。5点×2〔10点〕

空や海のⓐ□と、ただ一羽ただよう白鳥のⓑ□。

漢字を読もう！　①磨く　②恋する　③状況

←答えは左ページ

F　不来方(こずかた)のお城の草に寝ころびて
　空に吸はれし(ワ)
　十五の心
石川(いしかわ)　啄木(たくぼく)

G　列車にて遠く見ている向日葵(ひまはり)(ヒマワリ)は少年のふる帽子のごとし
寺山(てらやま)　修司(しゅうじ)

H　細胞のなかに奇妙な構造のあらわれにけり夜の顕微鏡
永田(ながた)　紅(こう)

〔「短歌十首」による〕

1 ——線①「やはらかに」とありますが、何を「やはらか」だと表現していますか。短歌の中から二つ抜き出しなさい。10点×2〔20点〕

2 Bの短歌から、字余りの句を抜き出しなさい。〔10点〕

7 Eの短歌にこめられた作者の心情として適切なものを次から一つ選び、記号で答えなさい。〔5点〕

ア 何ものにも染まらず悠々と生きるものへの憧(あこが)れ。
イ 自然に逆らわず一体化しようとする生き方への疑問。
ウ 他の環境に混じることなく孤独(こどく)に生きる姿への共感。
エ 大きなものに飲みこまれることもない存在への尊敬。

8 やや難 Fの短歌の説明として適切なものを次から一つ選び、記号で答えなさい。〔10点〕

ア 作者が、夢に満ちていた十五歳の頃を回想している。
イ 周囲の人に溶けこめない作者の孤独感が表れている。
ウ 十五歳の作者が、まだ見ぬ未来への不安を感じている。
エ 作者が過ごした故郷の雄大(ゆうだい)な自然を賛美している。

9 Gの短歌に用いられている表現技法を次から一つ選び、記号で答えなさい。〔5点〕

ア 比喩　**イ** 倒置
ウ 体言止め　**エ** 対句

10 Hの短歌にこめられた作者の心情として適切なものを次から一つ選び、記号で答えなさい。〔5点〕

ア 深夜まで顕微鏡をのぞき続けて、心身が疲れ切った気持ち。
イ 顕微鏡をのぞいてばかりの研究生活が嫌になった気持ち。
ウ 奇妙な形の細胞を見つけて、大きな発見をしたと喜ぶ気持ち。
エ 顕微鏡の像の中に不思議な形を見つけて一人で楽しむ気持ち。

漢字で書こう!　①みが(く)　②こい(する)　③じょうきょう
答えは右ページ➡

教科書 p.75／p.228〜p.231／p.240〜p.241

文法の窓1　用言の活用

確認

◆用言には動詞・形容詞・形容動詞の三つがあり、文の中でのはたらきによって形を変える。
◆動詞の活用の種類は五つ。「ない」をつけて判別する。

5分間攻略ブック p.18

テストに出る！ ココが要点

●動詞の活用形には、六種類がある。
未然形…ナイ・ウに続く。　連用形…マス・テ・タに続く。
終止形…言い切る。　連体形…体言・ノに続く。
仮定形…バに続く。　命令形…命令で言い切る。

●動詞の活用の種類は五種類。「ない」をつけて見分ける。
五段活用　…「ア段＋ない」　上一段活用　…「イ段＋ない」
下一段活用　…「エ段＋ない」　カ行変格活用…「来る」のみ。
サ行変格活用…「する」と「○○する」。

●形容詞・形容動詞の活用

語例	語幹	未然形	連用形	終止形	連体形	仮定形	命令形
寒い	さむ	—かろ	—かっ —く	—い	—い	—けれ	○
豊かだ	ゆたか	—だろ	—だっ —で —に	—だ	—な	—なら	○
豊かです	ゆたか	—でしょ	—でし	—です	(—です)	○	○

●補助用言
補助動詞…動詞本来の意味が薄れ、前の言葉の意味を補うもの。
補助形容詞…形容詞本来の意味が薄れ、前の言葉の意味を補うもの。

●その他の動詞
可能動詞…「〜することができる」という意味をもつ動詞。
自動詞…物や人物の動作や作用を表すもの。
他動詞…別の物にはたらきかける動作や作用を表すもの。

テストに出る！ 予想問題

解答 p.4　20分　100点

1 ——線の用言の言い切りの形と品詞名を書きなさい。　2点×8〔16点〕

① とても優しかった。
② あの家は、ずいぶん立派だろう。
③ 急いで家に帰ろう。
④ このペンとあのペンは同じだ。

①	詞	詞
②	詞	詞
③	詞	詞
④	詞	詞

2 よく出る ——線の動詞の活用形を書きなさい。　3点×6〔18点〕

① 思い切って飛べ。
② 参考書で調べます。
③ 紙を小さく切る。
④ 会場には行かない。
⑤ 動くおもちゃを作る。
⑥ 一度見ればわかる。

①	形	形
②	形	形
③	形	形
④	形	形
⑤	形	形
⑥	形	形

3 ——線の動詞の活用の種類をあとから一つずつ選び、記号で答えなさい。　4点×5〔20点〕

例題

1 ——線の動詞の活用形を選びなさい。

① これは私が借りる本だ。（　）
② 白い紙にはっきり書く。（　）
③ リンゴを食べています。（　）
④ 窓がなかなか開かない。（　）

ア 未然形　**イ** 連用形
ウ 終止形　**エ** 連体形

2 次の動詞の活用の種類を選びなさい。

① 走る（　）
② 燃える（　）
③ 来る（　）
④ 勉強する（　）
⑤ 起きる（　）

ア 五段活用　**イ** 上一段活用
ウ 下一段活用　**エ** カ行変格活用
オ サ行変格活用

3 ——線は形容詞、形容動詞のどちらですか。

① 空が美しい。（　）
② 軽快な音楽。（　）

答えと解説

1 ①エ　②ウ　③イ　④ア

——線の動詞のあとに続く言葉から考える。
①**名詞**→連体形
②**言い切る**→終止形
③**マス・テ・タ**→連用形
④**ナイ・ウ**→未然形

2 ①ア　②ウ　③エ　④オ　⑤イ

「**ない**」をつけて判断する。
①走**ら**ない→**ア段**＋ない
②燃**え**ない→**エ段**＋ない
⑤起**き**ない→**イ段**＋ない
③カ行変格活用は「**来る**」のみ、④サ行変格活用は「**する**」「○○**する**」のみ。

3 ①形容詞　②形容動詞

終止形が「**い**」で終わると**形容詞**、「**だ・です**」で終わると**形容動詞**。

---

① 友人はまだ来ていない。　② 網で魚を焼く。
③ 虫を観察しよう。　④ 消えた火をもう一度ともす。
⑤ コートを着れば寒くない。

ア 五段活用　**イ** 上一段活用　**ウ** 下一段活用
エ サ行変格活用　**オ** カ行変格活用

①　②　③　④　⑤

4 よく出る ——線が形容詞ならA、形容動詞ならBを書き、文中での活用形をあとから選び、記号で答えなさい。（同じ記号を何度使ってもかまいません。）　3点×8〔24点〕

① きれいな石を拾った。　② 怖ければ一緒に行くよ。
③ 友人と楽しく遊ぶ。　④ 部屋の中はとても静かだ。

ア 未然形　**イ** 連用形　**ウ** 終止形
エ 連体形　**オ** 仮定形　**カ** 命令形

①　活用形　②　活用形　③　活用形　④　活用形

5 次の文のうち、——線が補助用言であるものを二つ選び、記号で答えなさい。　3点×2〔6点〕

ア 絵を見てもらう。　**イ** 新しい服をもらう。
ウ 皿には何もない。　**エ** その絵は美しくない。

6 やや難 次の動詞が自動詞ならA、他動詞ならB、可能動詞ならCを書きなさい。　4点×4〔16点〕

① 決める　② 書ける　③ 落ちる　④ 助ける

①　②　③　④

教科書 p.76～p.83

壁に残された伝言

5分間攻略ブック p.4

要旨

◇壁の伝言は、いくつもの偶然（ぐうぜん）が重なって奇跡的に残り、五十数年たって発見された。伝言の「あの日」が伝わっていく無限の連鎖は、今も続いている。

テストに出る！ ココが要点

伝言が保存された二つの条件（教 p.78～p.79）▶予想問題

壁の伝言は、偶然（ぐうぜん）、いくつかの条件が重なって奇跡的に残った。

● 煤（すす）で真っ黒になった壁に**白いチョーク**で書かれたこと。

● 伝言がしばらく**放置**され、チョークの主成分が**変質**したこと。

・補修で壁を洗い流す際、チョークの白色が残っても目立たない。

・チョークの下の壁は黒だった　→文字が壁の煤を**保護**した。

「あの日」の伝言が意味すること（教 p.80～p.81）▶例題

● 初めて見たとき…貴重な原爆の**遺物**。**迫力**があるもの。
　伝言の**文字**は何が書いてあるのかわからない。

● 取材が進んで……「**被爆の伝言**」。←
あの日のことを静かに力強く語る**遺産**・証人。

例題　「あの日」の伝言が意味すること

原爆の直後、愛する人の行方（ゆくえ）がわからず、必死で探す人が書いた伝言の文字には、何が写されているのか。発見された伝言を取材者として初めて見たとき、①**私は正直途方にくれた**。貴重な原爆の遺物であるという意味で迫力は感じた。だが、何が書いてあるのか文字を追うのさえ容易ではない。どこからどこまでが一つの伝言なのかもわからない。名前はいくつか読めるが、書いた人の名前なのか、探している人の名前なのかもわからない。その人がその後どうしたのかはもちろんわからない。

しかし、取材が進み、家族などの関係者が見つかって、彼らと一緒に書かれた文字の前に立ったとき、②**驚**

1 よく出る 「私」が――線①のようになったのはなぜですか。

伝言の［　　　　］は、何が書いてあるのかさえわからなかったから。

2 ――線②について、筆者は関係者のどのようなところに驚いたのですか。

ア 伝言の内容と意味を理解したところ。
イ 伝言を書いた人の家族だったところ。
ウ 伝言を書いた当事者だったところ。
（　　）

答えと解説

1 文字

当事者ではない筆者にとって、このときの「**伝言の文字」は何が書いてあるのかさえわからず**、取材が容易でないので困っている。

2 ア

筆者は、家族などの関係者が「**目に見える」文字そのもの**だけでなく、その文字が表している内容や意味まで読み取ったことを「驚くべきこと」と表している。

漢字を読もう！ ①地獄　②硫酸　③替える
←答えは左ページ

くべきことが起こった。彼らはいとも簡単にそのかすれた文字を読み、「ああそうだったのか。」とつぶやいた。そして涙を流した。

それを横で聞きながら私は、もう一度、その文字を眺めた。③**涙が出た**。

書家でもなければ芸術家でもない人が書いた、しかもただ人を探すという目的のために書いた、文章ともいえない文字が、人の心をこんなに揺さぶるのか。半世紀の時を超えて、伝言の文字の中から「あの日」があふれ出た瞬間だった。

そして伝言に刻まれた「あの日」のことは、その話を聞いた多くの人々に伝わっていった。伝言のある場所に、直接には関係ない人々が集まってきた。④**人々は文字の前で口をつぐみ、立ちつくした**。

⑤**「被爆の伝言」**。それは現代の私たちに、あの日のことを静かに、力強く語ってくれる遺産であり、証人なのである。伝言の「あの日」が伝わっていく⑥**無限の連鎖**は、今も続いている。

［井上(いのうえ)恭介(きょうすけ)「壁に残された伝言」による］

---

3 よく出る ——線③について、「涙が出た」理由を選びなさい。

ア 伝言を書いた人のその後の行方が明らかになり悲しくなったから。

イ 当時の状況と伝言を残した人の思いが伝わって心が揺さぶられたから。

ウ 原爆の威力と街や人々の被害の状況がわかって恐ろしさを感じたから。

（　　）

4 ——線④のときの心情を選びなさい。

ア 探し人の行方がわかるよう願っている。

イ 突然降りかかった不幸におびえている。

ウ 当時の人々の思いをかみしめている。

（　　）

5 ——線⑤の、もともとの目的を抜き出しなさい。

（　　　　　　）

6 よく出る ——線⑥とはどういうことですか。

「あの日」に（　　　　　　）人々にも、伝言に刻まれた「あの日」の真実や人の思いが伝わっていくこと。

---

3 イ

✎ **伝言の文字が単なる情報ではなく当時の状況や人の思いを語るものに変わったのである。**想像を絶する惨事(さんじ)に平凡(へいぼん)な生活を突然奪われた人々の思いが伝言の文字から伝わってきて、筆者は心を揺さぶられたのである。

4 ウ

✎ 伝言を書いた当時の人々の思いについて、伝言を前にした人々が深く考えていることが読み取れる。

5 人を探すという目的

✎ 人を探すための伝言板が、半世紀の時を経た今は、**当時の真実を語る遺産へと変化**している。

6 例 直接には関係ない

✎ 「伝言のある場所に、……集まってきた」は、「無限の連鎖」の始まりである。**伝言が語る「あの日」の真実が、直接には関係のない人々にも自然に伝わって**「連鎖」となる。

漢字で書こう！ ①じごく ②りゅうさん ③か（える）

答えは右ページ➡

テストに出る！
予想問題

次の文章を読んで、問題に答えなさい。

解答 p.4　30分　/100点

　鉄の窓枠は校庭に吹き飛ばされ、床や黒板や壁の木材は焼き払われたので、残ったのは「打ちっぱなし」のコンクリート部分だけだった。

　A 、雨露を防げる建物はなにしろ貴重だったから、校舎は原爆が落とされた直後から臨時の救護所となった。重傷を負った人たちが次々と運び込まれた。横たわる人の中に知り合いはいないか。探している人に関する情報はないか。行方知れずの人の消息を求めて多くの人が訪れたと考えられる。

　このとき、校舎の中の壁は、廊下や壁に貼られていた松の板材が焼けたときの煤で真っ黒になっていた。そして、床にはチョークが転がっていた。伝言が、凹凸の少ない、真っ黒なコンクリートの壁面を黒板代わりにして、白いチョークで書かれたこと。これが、伝言が保存されることになった第一の「条件」だったと専門家は指摘する。

　更に①「条件」が重なる。伝言の文字は、書かれたあと校舎が補修されるまでの間、そのまま放置された。②書いた人の気持ちを考えれば、消してしまうには忍びなかったのかもしれない。

　B 、黒板の端に書かれたままの「日直」という文字などが、年度の変わりめに消そうとすると、いくらこすっても消えなかったという経験はないだろうか。チョークは、書いてすぐなら少し触っただけでも消えてしまうのに、しばらく置いておくと消せな

1 よく出る　A ～ C にあてはまる言葉の組み合わせを次から一つ選び、記号で答えなさい。〔10点〕

ア　A…しかし　B…ところで　C…では
イ　A…そのうえ　B…または　C…ところで
ウ　A…では　B…ところで　C…しかし
エ　A…または　B…ところが　C…そのうえ

［　］

2 ――線①「条件」とありますが、伝言が保存されることになった二つの条件を、出てくる順に文章中からそれぞれ一文で抜き出し、はじめの五字を書きなさい。10点×2〔20点〕

・［　　　　　］
・［　　　　　］

3 よく出る　――線②「書いた人」とありますが、どのような人が書いたと考えられますか。文章中の言葉を使って書きなさい。〔15点〕

［　］

4 ――線③「チョークが……あったことになる。」について答えなさい。

(1) チョークが固まることについて、日常の中のどのようなことをあげて説明していますか。文章中の言葉を使って書きなさい。10点×2〔20点〕

チョークは、書いてすぐなら ⓐ［　］ が、しばらく置くと ⓑ［　］ こと。

漢字を読もう！　①一致　②炎　③痕跡
←答えは左ページ

くなる。これは、チョークの主成分（硫酸カルシウム）が、空気中の水分を吸って変質するからだ。

戦後、校舎の補修で壁が塗り直された時期は定かでない。早くても、校舎で授業を再開するために救護所が閉じられた一九四五年の十一月以降である。少なくとも放置期間は数か月以上。③チョークが固まるのに十分な時間があったことになる。チョークの伝言がある期間放置されたこと。これが、伝言が保存されることになった第二の「条件」である。

［C］、補修はどのように行われたか。古い壁の上に新しい壁を塗る場合、ふつうは新しい漆喰（しっくい）ののりがよくなるよう、いったん壁を洗い流してから塗るそうだ。ただ、壁を洗い流すといっても、こびりついたチョークをそぎ落とすにはかなり手間がかかる。しかもついているチョークは白いから、煤を洗い流して白くなった壁の中ではそれほど目立たない。④少し盛り上がっているだけで、塗り直しにもほとんど支障がない。こうした事情が重なって、チョークは壁に残ったのであろう。

ここで注目すべき点は、チョークが残った部分の「チョークの下の壁」は黒いということだ。五十数年間、チョークが壁の煤を、その部分だけ保護したことになる。文字が黒かったのは、チョークで書かれた文字によって守られていた煤が現れたからだ。ちなみにチョークそのものは、剝がれ落ちた壁にくっついて取り除かれた。これが、⑤チョークで書かれた伝言が保存され、白黒逆転して現れたメカニズムだ。

〔井上（いのうえ）恭介（きょうすけ）「壁に残された伝言」による〕

(2) チョークが固まるのはなぜですか。理由が書かれている一文を抜き出し、はじめの五字を書きなさい。〔10点〕

□□□□□

5 ――線④「こうした事情」とありますが、どういうことを指していますか。□にあてはまる言葉を、文章中から抜き出しなさい。5点×2〔10点〕

壁のチョークは、そぎ落とすのにⓐ□□がかかるし、洗い流した白い壁の中ではⓑ□□□□□うえに、塗り直しにもほとんど支障がないということ。

6 やや難 ――線⑤「チョークで……メカニズム」とありますが、このメカニズムがはたらいた順になるように、次のア～オを並べ替えなさい。完答〔15点〕

ア 壁の煤が洗い流され、固まったチョークの上に壁が塗られる。
イ 黒い壁面に白いチョークで伝言が書かれる。
ウ チョークの下にあった黒い煤が、伝言の痕跡として現れる。
エ チョークが固まるのに十分な時間、伝言が放置される。
オ 壁が剝がれるときに、伝言を書いたチョークも取り除かれる。

□→□→□→□→□

漢字で書こう！ ①いっち ②ほのお ③こんせき
答えは右ページ➡

一〇〇年後の水を守る
言葉発見③ 上位語・下位語

要旨

◆水問題は行きすぎた人間の行動が原因である。この問題を解決するには、水の循環に負担をかけないようにし、将来を見据えて水を育む生活をすることが必要だ。

5分間攻略ブック p.6

テストに出る！ **ココが要点**

深刻な水不足の原因（教 p.89～p.90）▶**例題**

- 農業…食べ物を作るためにたくさんの水を使う。
- 工業…工業製品を作るためにたくさんの水を使う。

→「見える水」だけでなく、「バーチャルウォーター」の利用量が増加し、深刻な水不足の原因となっている。

水問題に対してできること（教 p.91～p.93）▶**予想問題**

水の循環になるべく負担をかけない水の使い方をする。

- 「節水」…各家庭で使う水や「バーチャルウォーター」を減らす。
- 「雨水利用」…雨を水資源と捉え、蓄えて賢く使う。
- 「再利用」…使った水を繰り返して使う。

例題 深刻な水不足の原因

それだけではない。使っていることが意識されにくい「見えない水」も増加し続けている。余り気づかないことかもしれないが、毎日食べている御飯のもとである米、パンの原料となる小麦を育てるときにも、水は必要だ。このように、何かを作るときに必要な「見えない水」のことを①**「バーチャルウォーター（仮想水）」**という。

例えば、食パン一斤を作るには、小麦粉三〇〇グラムを使う。その小麦粉三〇〇グラムを作るには、六三〇リットルの水が必要となる。肉の場合は、もっと大量の水が必要だ。鶏や豚や牛は水を飲むし、さらに、水を使って育てた穀物を餌にしているからだ。家畜が育つまでに使った水を計算すると、豚肉一〇〇グ

1 よく出る ――線①とは、何ですか。

（　　　　）ときに必要だが、使っていることが意識されにくい、「（　　　　）」のこと。

2 ――線②について、次の食べ物を作るには、なぜ水が必要になりますか。

・食パン…材料となる［　　　］を作るため。

・肉…鶏や豚や牛などの［　　　］に水を

答えと解説

1 何かを作る・見えない水

✎「バーチャルウォーター（仮想水）」とは、「使っていることが意識されにくい『見えない水』」、「**何かを作るときに必要な『見えない水』**」のことである。

2 小麦粉・家畜・穀物

✎食パンを作るためには、材料の**小麦粉を作るため**に水が必要となる。肉を作るためには、**家畜に水を飲ませるため**や、**餌にする穀物を育てるため**に水が必要となる。

漢字を読もう！ ①据える ②循環 ③廃棄
←答えは左ページ

ラム当たり五九〇リットル、牛肉一〇〇グラム当たり二〇六〇リットルになる。

②**食べ物を作るのには、たくさんの水が必要だ。**実際、地球にある利用可能な淡水のうち、七〇パーセントが、農業に使われている。

　アメリカ中西部には世界有数の穀倉地帯があり、トウモロコシ、小麦、大豆などが大量に栽培されている。広大な農場には膨大な水が必要となるが、ここには、オガララ水系という世界最大級の地下水脈が走っている。その地下水をくみ上げて、スプリンクラーで畑にまいているのである。そのため、地下水は一秒間に三八万リットルずつ減り続けている。雨などによって地表から地下水脈に入ってくる水と、くみ上げられて出ていく水とのバランスがとれず、③**この巨大な地下水脈もこのままでは枯れてしまう**といわれている。

　水が必要なのは、食べ物を作るときだけではない。④**工業製品を作るときにも水が使われる。**例えば、鋼鉄を一キログラム作るには一〇〇リットルの水が必要だ。服の素材となるレーヨン一キログラムでは一八〇〇リットルの水が使われる。

　工業用水の使用量は、発展途上国において、増加の一途をたどっており、今後、より多くの国々が工業化するにつれて、⑤**世界における工業用水の利用量は急激に増える**だろう。〔橋本(はしもと)淳司(じゅんじ)「一〇〇年後の水を守る」による〕

飲ませるためや、餌にする［　　］を育てるため。

3 ——線③とありますが、なぜですか。
地表から地下水脈に入ってくる水より、くみ上げられて出ていく水のほうが、
（　　　）から。

4 ——線④とありますが、たくさんの水を必要とする工業製品には何がありますか。
［　　］・［　　　　］

5 ——線⑤とありますが、なぜですか。
（　　　）では、工業用水の使用量が増加しており、今後、多くの国々が（　　　）するから。

6 よく出る 「バーチャルウォーター」にあてはまるものを、二つ選びなさい。
ア 人がふだんの生活で使う水。
イ 食べ物を作るときに必要な水。
ウ 人が見ることのできない地下水。
エ 工業製品を作るときに必要な水。
（　）（　）

---

3 例多い
「バランスがとれず」の意味を読み取る。地下水脈が枯れるのは、「地下水をくみ上げて」、**出ていく水のほうが多いから**である。

4 鋼鉄・レーヨン
水をたくさん使う工業製品の具体例として、鋼鉄と、服の素材となるレーヨンがあげられている。

5 発展途上国・工業化
発展途上国では、工業用水の使用量が増加している→今後、「多くの国々が工業化する」→世界の工業用水の利用量は増加する。

6 イ・エ
「見える水」に対して、「バーチャルウォーター」は「**見えない水**」と言われる。「見えない水」とは、農業用水や工業用水のような、**何かを作るときに使われる水**のことを表している。

漢字で書こう！ ①す（える）　②じゅんかん　③はいき
答えは右ページ➡

テストに出る！

予想問題

解答 p.5　30分　/100点

1 次の文章を読んで、問題に答えなさい。

　こうした水問題に対して、私たちができることは、水の循環になるべく負担をかけない水の使い方をすることだ。

　まず、①「節水」から考えてみよう。節水は各家庭でできる。一人一人がすぐに実行でき、なおかつ、まとまると大きな力になる。例えば、歯磨きの場合、口をすすいでいるときに水を流しっぱなしにすると、三〇秒間で六リットルの水が流れていく。実際には、コップ一杯あれば十分に口はすすげる。つまり、五・七リットルの水は捨ててしまったことになる。

　「バーチャルウォーター」も節水の対象となる。日本は食料を世界中から買い集めている一方で、世界一の残飯大国でもある。捨てられる食べ物は、供給量の三分の一にのぼる。日本の食品廃棄物の発生量は、年間二八四二万トン。仮に、捨てられたものが御(ご)飯(はん)だとすると、それを生産するのに使われる水の量は、年間一〇五一億五四〇〇万トンになる。一人当たり一日二・三トンの水を捨てているのと同じことだ。食べきれる分だけ作り、食べきれば無駄にはならない。これが最大の節水なのである。

　次に、雨を貴重な水資源と捉え、賢(かし)く使う②「雨水利用」の方法を考えることも大切だ。一つの住宅や一つのビルでためられる雨水は少量であっても、地域全体としては大きな効果があるからだ。仮に東京都内の全ての一戸建て住宅が屋根に降った雨をためたとすると、年間で一億三〇〇〇万トンの水が確保できる計算になる。

・［　　　　　］のときに、水を流しっぱなしにしないこと。
・［　　　　　］分だけ食べ物を作り、食べきること。

2 ――線②「『雨水利用』の方法」とは、どのような方法ですか。□にあてはまる言葉を、文章中から抜き出しなさい。〔10点〕

住宅の［　　　　　　］を蓄えるという方法。

3 ――線③「森林も水田も、貴重な地下水を育む場所なのだ。」とありますが、地下水を育む森林は何と呼ばれていますか。文章中から抜き出しなさい。〔5点〕

［　　　　］

4 ――線④「使った水を繰り返して使う『再利用』の技術」は、どのようなことができると筆者は考えていますか。〔10点〕

技術を発展させ、世界に発信することによって、

［　　　　　　　　］

5 ――線⑤「水問題」について答えなさい。

(1) やや難 「水問題」とは、どのような問題だと筆者は捉えていますか。〔15点〕

地域の問題や現代の課題であると同時に、

［　　　　　　　　］

漢字を読もう！ ①枯れる　②膨大　③栽培
←答えは左ページ

これは利根川上流の巨大ダムが東京都に供給している水量を上回る。

雨水を蓄えるということで忘れてはならないのは、森林のはたらきだ。「緑のダム」と呼ばれる森林は、雨を受け止め、土壌に染み込ませ、ろ過し、地下水として蓄える。また、水を張った田んぼにも地下水涵養の機能があり、平均して、一日一ヘクタール当たり二万トンの水を土壌に浸透させている。③森林も水田も、貴重な地下水を育む場所なのだ。

また、日本では、④使った水を繰り返して使う「再利用」の技術が進んできている。工業用水の再利用は、一九六〇年代には三五パーセント程度だったが、現在では七八パーセントにまで高まっている。この技術を発展させ、それを世界に発信することによって、水問題に苦しむ国や地域に貢献することができる。

⑤水問題は、水自体に問題があるわけではない。行きすぎた人間の行動が鏡に映ったものが、水問題である。これは、地域の問題であると同時に、世界の問題である。現代の課題であると同時に、将来を見据えて長期的に捉えるべき課題である。自然の摂理の中で、身近な水を大切に使う生活、一〇〇年後、一〇〇年後の水を育む生活こそが、水問題の解決につながっていく。

〔橋本淳司「一〇〇年後の水を守る」による〕

1 ——線①「節水」のしかたについて、筆者があとで述べている内容から、具体的にどのようにすることが考えられますか。□にあてはまる言葉を、文章中から抜き出しなさい。 10点×2〔20点〕

(2) よく出る 「水問題」を解決するためには、どのような生活をすることが必要だと筆者は考えていますか。二つ書きなさい。 10点×2〔20点〕

2 次の図は、上位語と下位語をまとめたものです。空欄に入る言葉を、あとから一つずつ選び、記号で答えなさい。 4点×5〔20点〕

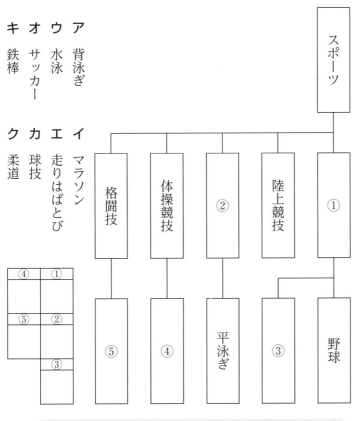

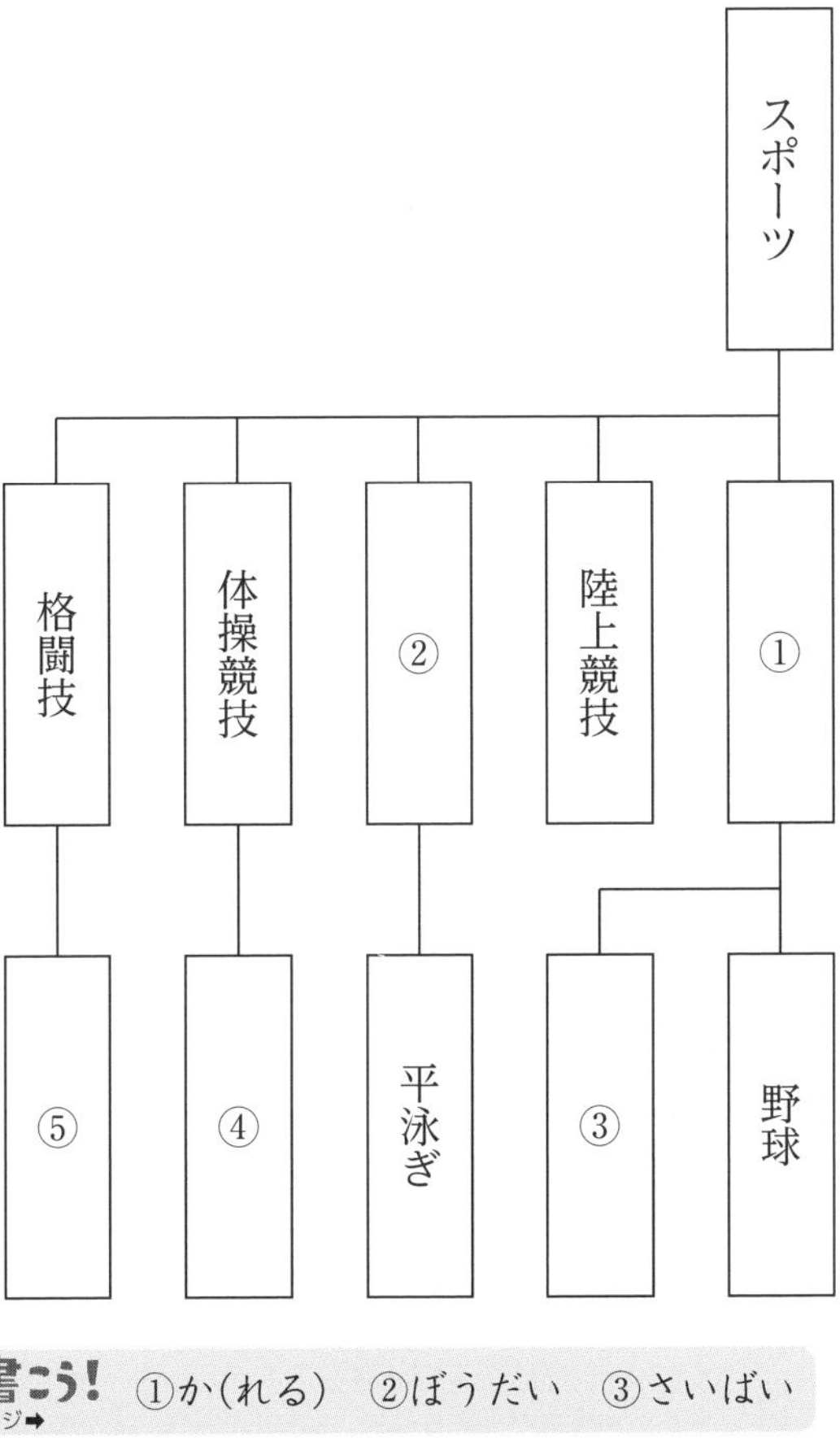

ア 背泳ぎ　**イ** マラソン
ウ 水泳　**エ** 走りはばとび
オ サッカー　**カ** 球技
キ 鉄棒　**ク** 柔道

①　②　③　④　⑤

教科書 p.106～p.113

枕草子・徒然草（枕草子）

主題

◇「枕草子」には、筆者清少納言の鋭い観察眼や洗練された感覚が表れており、知性的な「をかし（＝趣がある）」の文学と言われている。

5分間攻略ブック p.7／p.16

テストに出る！ ココが要点

作品（枕草子）

- 筆者…清少納言。一条天皇の皇后定子に仕えた。
- 成立…平安時代中期
- 特徴…宮廷の日常生活で経験したことや、自然や人事についての感想などを書き留めた随筆。
　「ものづくし」の段、日常生活や四季の自然を観察した段、宮廷社会を振り返った段などに分類できる。

例題　うつくしきもの

①うつくしきもの。瓜に描きたるちごの顔。すずめの子の、ねず鳴きするに②踊り来る。③二つ三つばかりなるちごの、急ぎてはひ来る道に、いと小さきちりのありけるを、目ざとに見つけて、いとをかしげなるおよびに捕らへて、大人ごとに見せたる、いとうつくし。
　頭は尼そぎなるちごの、目に髪の覆へるを、かきはやらで、④うちかたぶきて物など見たるも、うつくし。

〔清少納言「枕草子　第百四十五段」による〕

テストに出る！ 予想問題

解答 p.5　20分　100点

次の文章を読んで、問題に答えなさい。

①春はあけぼの。㋐やうやう白くなりゆく山ぎは、少しあかりて、紫だちたる雲の細くたなびきたる。
　夏は夜。②月の頃はさらなり。闇も㋑なほ、蛍の多く飛びちがひたる。また、ただ一つ二つなど、ほのかにうち光りて行くもをかし。雨など降るもをかし。
　秋は夕暮れ。夕日のさして山の端いと近うなりたるに、からすの寝所へ行くとて、三つ四つ、二つ三つなど飛び急ぐさへⓐあはれなり。まいてかりなどの連ねたるが、いと小さく見ゆるは、いとをかし。日入りはてて、風の音、虫の音など、はた言ふべきにあらず。
　冬はつとめて。雪の降りたるは言ふべきにもあらず、霜のいと白きも、またさらでも、いと寒きに、火など急ぎおこして、炭持て渡るも、ⓑいとつきづきし。昼になりて、ぬるくゆるびもていけば、火をけの火も、白き灰がちになりて③わろし。

〔清少納言「枕草子　第一段」による〕

1 よく出る　〜〜線㋐「やうやう」、㋑「なほ」を現代仮名遣いに直して書きなさい。　10点×2〔20点〕

1 ——線①について答えなさい。

(1) よく出る 意味を書きなさい。

（　　　　）

(2) 「うつくしきもの」の例をいくつあげていますか。漢数字で書きなさい。

□つ

2 よく出る ——線②・④の主語を書きなさい。

② 踊り来る（　　　）

④ うちかたぶきて（　　　）

3 筆者は、——線③のどのような様子を「うつくし」と感じているのですか。

ア 小さなごみを目ざとく見つけ、かわいい指につまんで大人に見せる様子。

イ 小さなごみを落としてもかわいい指でわざわざ拾い、大人に見せる様子。

ウ 小さなごみを不思議そうに見つめて小さな指でつまみ、大人に渡す様子。

（　　　）

答えと解説

1 (1) かわいらしいもの　(2) 四

(1) **現代語の「美しい」とは意味が異なる**ので注意。(2)「瓜に描きたる…」「すずめの子…」「二つ三つばかり…」「頭は尼そぎ…」の四つ。

2 ② すずめの子　④ ちご

②すずめの子が踊るようにやって来る、となる。④子供が、髪を払いのけずに首をかしげて、となる。

3 ア

「ちごの」のあとから「見せたる」までが「うつくし」の内容。「急いではって来る道に、とても小さなごみがあったのを目ざとく見つけて、とてもかわいげな指につまんで、大人一人一人に見せた（様子）」という訳になる。

2 よく出る ══線ⓐ「あはれなり」、ⓑ「つきづきし」の意味を、それぞれ次から一つずつ選び、記号で答えなさい。 10点×2〔20点〕

ⓐ
ア 風情（ふぜい）がある
イ 悲しそうだ
ウ 気の毒だ

ⓑ
ア たどたどしい
イ 似つかわしい
ウ みっともない

ⓐ□　ⓑ□

3 ——線①「春」について、筆者はいつに趣があると評していますか。文章中から抜き出しなさい。 〔12点〕

□

4 ——線②「月の頃はさらなり。」の現代語訳を次から一つ選び、記号で答えなさい。 〔12点〕

ア 月の出る頃はそれほど趣がない。

イ 月の形が盆のように丸く趣がある。

ウ 月の出ている頃はいうまでもなく趣がある。

エ 月の出ている出ていないに関わらず趣がある。

□

5 やや難 ——線③「わろし」と筆者がいう様子を説明した次の文の□A〜Cにあてはまる言葉を書きなさい。 12点×3〔36点〕

昼になって[A]がゆるみ、火桶（ひおけ）の火も、白い[B]が[C]なってくる様子。

A□　B□　C□

ア□　イ□

漢字で書こう！ 答えは右ページ➡ ①もう（でる）　②いまし（め）　③しも

教科書 p.106〜p.113

枕草子・徒然草（徒然草）

テストに出る！

ココが要点

作品（徒然草）

●筆者…兼好法師　●成立…鎌倉時代末期

●特徴…無常観。見聞・感想・評論などを鋭い視点と美的感覚で書いた随筆。

係り結び

●文中に特定の言葉（ぞ・なむ・や・か・こそ）が来ると、文末の形が変わる。これを係り結びという。

例　尊くこそおはしけれ。→「けり」が已然形に変形（強調）

その他…ぞ・なむ（強調）、や・か（疑問・反語）など。

例題①　つれづれなるままに

①つれづれなるままに、日暮らし硯に向かひて、心にうつりゆくよしなしごとを、そこはかとなく書きつくれば、あやしうこそ②ものぐるほしけれ。

〔兼好法師「徒然草　序段」による〕

1 よく出る　〰線を現代仮名遣いに直して書きなさい。

（　　　　）

答えと解説

1 あやしゅう

「siu」→「syû」

主題

◆兼好法師によって書かれた「徒然草」は、自然や人間についての鋭い観察や批評の中に、この時代の知識人特有の無常観が表れている。

5分間攻略ブック p.7／p.16

予想問題

テストに出る！　解答 p.6　20分　100点

次の文章を読んで、問題に答えなさい。

仁和寺にある法師、年寄るまで、石清水を拝まざりければ、ⓐ心うく覚えて、あるとき思ひ立ちて、ただ一人、ⓑかちより詣でけり。①極楽寺・高良などを拝みて、かばかりと心得て帰りにけり。ⓒ「年ごろ思ひつること、果たしはべりぬ。聞きしにもすぎて、②尊くこそおはしけれ。③そも、参りたる人ごとに山へ登りしは、なにごとかありけん、ゆかしかりしかど、④神へ参るこそ本意なれと思ひて、山までは見ず。」とぞ言ひける。

少しのことにも、⑤先達はあらまほしきことなり。

〔兼好法師「徒然草　第五十二段」による〕

1 よく出る　〰線ⓐ「心うく覚えて」、ⓑ「かちより」、ⓒ「年ごろ」の意味をそれぞれ次から一つずつ選び、記号で答えなさい。　5点×3〔15点〕

ⓐ　ア　うかつだと反省して　イ　めんどうだと思って　ウ　残念に思って　エ　悲しいと感じて

ⓑ　ア　徒歩で　イ　急いで　ウ　懸命に　エ　のんびり

ⓒ　ア　一年間　イ　長年　ウ　若い頃　エ　晩年

ⓐ	ⓑ	ⓒ

漢字を読もう！　①紫　②尼　③蛍

←答えは左ページ

2 ――線①の意味を書きなさい。

（　　　　　　　　）

3 よく出る ――線②の意味を選びなさい。

ア 気分がたかぶってくる様子。
イ 寂しくてつらい様子。
ウ ひまで退屈な様子。

（　　）

2 なすこともない

「つれづれ」は、ひまな様子を表す。

3 ア

「徒然草」を書いているときの筆者の心情を表した言葉である。

例題② ある人、弓射ることを習ふに

ある人、弓射ることを習ふに、もろ矢をたばさみて、的に向かふ。師の言はく、「初心の人、二つの矢を持つことなかれ。後の矢を頼みて、初めの矢になほざりの心あり。毎度ただ得失なく、この一矢に定むべしと思へ。」と言ふ。

わづかに二つの矢、師の前にて一つをおろかにせんと①**思はんや**。懈怠（けだい）の心、みづから知らずといへども、師②**これ**を知る。この戒め、万事にわたるべし。

〔兼好法師（けんこうほうし）「徒然草（つれづれぐさ）」第九十二段による〕

1 よく出る ――線①の意味を選びなさい。

ア 思うだろうか、いや思わない。
イ 思うか思わないか、わからない。
ウ きっと思うに違いない。

（　　）

2 ――線②は何を指していますか。文章中から抜き出しなさい。

□□□□

1 ア

「思はんや」の「や」は反語を表し、「〜だろうか、いや〜ない」という意味。

2 懈怠の心

「自分で意識していなくても懈怠の心がある」ことを師は知っているのである。

---

2 ――線①「かばかり」とは「これだけ」という意味ですが、「仁和寺にある法師」は、何を「かばかり」と思いこんだのですか。次の文の□A・Bにあてはまる言葉を、文章中から抜き出しなさい。（記号は字数に含める。） 10点×2〔20点〕

［A］を［B］だけだと思い込んだ。

A □□□□□　B □□□□□□□□□

3 よく出る ――線②「尊くこそおはしけれ」では、文中に「こそ」があるために文末の形が変化しています。このきまりを何といいますか。〔20点〕

□

4 ――線③「ゆかしかりしかど」の意味を次から一つ選び、記号で答えなさい。〔10点〕

ア 知りたかったけれど　**イ** つつしみ深いので
ウ 疲れていたので　**エ** 知らなかったけれど

□

5 やや難 ――線④「山までは見ず」とありますが、その理由を説明しなさい。〔20点〕

□

6 よく出る ――線⑤「先達はあらまほしきことなり」の意味を次から一つ選び、記号で答えなさい。〔15点〕

ア その道の指導者はまちがってはいけないのである
イ その道の指導者はいないほうがよいのである
ウ その道の指導者はどこにでもいるものである
エ その道の指導者はあってほしいものである

□

漢字で書こう！　①むらさき　②あま　③ほたる
答えは右ページ➡

平家物語

テストに出る！

ココが要点

敦盛の最期（教 p.116／p.122～p.124）➤**例題**、（教 p.116／p.120～p.124）➤**予想問題**

熊谷次郎直実の心情の変化を捉える。

●「身分の高い大将軍と取り組みたい」（＝功名を立てたい）
沖へと逃げてゆく平敦盛を見つけ、扇で差し招く。
武士として立派な態度。我が子と姿が重なる。

●「お助け申したい」↔泣く泣く討ち取る。→出家を願う思い。

平家物語

●作者…未詳

●成立…鎌倉時代前期

●特徴…軍記物語。琵琶法師によって語り継がれてきた「語り物」（平曲）。文体に独特のリズムと味わいがある。「諸行無常」の仏教的無常観が全編に貫かれている。

主題

◇源氏方の武将、熊谷次郎直実は、沖へ逃げようとする平敦盛を差し招く。敦盛の立派な態度に心打たれ、助けたいと思うもののかなわず、泣く泣く討ち取る。

5分間攻略ブック p.7／p.17

例題　平家物語

◇**祇園精舎**◇

祇園精舎の鐘の声、
諸行無常の響きあり。
娑羅双樹の花の色、
盛者必衰のことわりをあらはす。
①**おごれる人も久しからず、**
ただ春の夜の夢のごとし。
たけき者もつひには滅びぬ、
ひとへに②**風の前の塵**に同じ。

◇**敦盛の最期**◇

熊谷、
「あつぱれ、大将軍や。この人一人討ちたてまつたり

1 ――線①と対句になっている部分を抜き出しなさい。
（　　　）

2 よく出る ――線②の意味を選びなさい。（　　　）

ア　はかないもの
イ　かわいらしいもの
ウ　大切なもの

3 ――線③は「ああ、お助け申したい」という意味ですが、このときの直実の気持ちを選びなさい。（　　　）

答えと解説

1 たけき者もつひには滅びぬ

✎どちらも「**どれほど栄えても必ず衰えるときは来る**」という意味。

2 ア

✎全体として**この世の無常**をうたっており、風に吹き飛ぶ塵のようなものだといっている。「春の夜の夢」も同じ意味で用いられている。

3 イ

✎「小次郎が……嘆きたまはんずらん」を捉える。同じ子をもつ親と

漢字を読もう！　①敷く　②美麗　③悔やむ
←答えは左ページ

とも、負くべき戦に勝つべきやうもなし。また討ちたてまつらずとも、勝つべき戦に負くることもよもあらじ。小次郎が薄手負うたるをだに、直実は心苦しうこそ思ふに、この殿の父、討たれぬと聞いて、いかばかりか嘆きたまはんずらん。③**あはれ、助けたてまつらばや。**」と思ひて、後ろをきつと見ければ、土肥・梶原五十騎ばかりで続いたり。

熊谷涙を抑へて申しけるは、

「助けまゐらせんとは存じ候へども、味方の軍兵雲霞のごとく候ふ。④**よも逃れさせたまはじ**。人手にかけまゐらせんより、同じくは、直実が手にかけまゐらせて、後の御孝養をこそつかまつり候はめ。」

と申しければ、

「ただ、とくとく首を取れ。」

とぞのたまひける。

熊谷あまりにいとほしくて、いづくに刀を立つべしともおぼえず、目もくれ心も消えはてて、前後不覚におぼえけれども、さてしもあるべきことならねば、泣く泣く首をぞかいてんげる。

「あはれ、⑤**弓矢取る身**ほど口惜しかりけるものはなし。武芸の家に生まれずは、なにとて⑥**かかる憂きめ**をば見るべき。情けなうも討ちたてまつるものかな。」

とかきくどき、袖を顔に押し当ててさめざめとぞ泣きゐたる。

［「平家物語」による］

ア 我が子の手柄にさせたいという願望。
イ 同じ子をもつ親としての共感。
ウ 助けることによる見返りの期待。
（　　）

4 ――線④は「決してお逃げにはなれないでしょう」という意味ですが、その理由を説明しなさい。

［　　　］から、直実の［　　　］の軍勢がたくさんやってきているから。

5 よく出る ――線⑤は、どういう立場の人ですか。

ア 武器を手にして戦う武士。
イ 武道の練習に励む子供。
ウ 武器を捨てて楽器をたしなむ貴族。
（　　）

6 ――線⑥とは、どういう思いですか。

ア 味方の動きを気にしながら敵と戦わなくてはいけない煩わしい思い。
イ 常に出世することを考え、相手を探さなければいけない忙しい思い。
ウ 本心に反して若武者を討ち取らなければならないつらい思い。
（　　）

して、この若武者が討たれたと聞いたら若武者の父がどれほど嘆くことだろう、と**同情している**。

4 後ろ・味方
「後ろをきつと……続いたり」「味方の軍兵雲霞のごとく候ふ」から捉える。直実が討たなくても味方の軍勢が押し寄せており若武者は逃げられないことがわかる。

5 ア
「弓矢取る身」とは武士のことである。敵味方に分かれたら、いかに立派な人物であっても討たなければならないのが武士である。

6 ウ
若武者の立派な態度や若武者の父の気持ちを考え、助けたいと考えるが、その気持ちに反して結局は討たなければならなくなった武士という立場に、つらい思いをしている。

漢字で書こう！ ①し（く）　②びれい　③く（やむ）
答えは右ページ➡

テストに出る!

予想問題

解答 p.6　30分　/100点

1 次の文章を読んで、問題に答えなさい。

熊谷(くまがへ)、

「あれは大将軍(たいしやうぐん)とこそ見まゐらせ候(さうら)へ。ⓐまさなうも敵(かたき)に後ろを見せさせたまふものかな。返させたまへ。」

と扇を上げて招きければ、招かれてとつて返す。①みぎはに打ち上がらんとするところに、押し並べてむずと組んでどうど落ち、とつて押さへて首をかかんと、かぶとを押しあふのけて②見ければ、年十六、七ばかりなるが、薄化粧(うすげしやう)して、かね黒なり。わが子の小(こ)次郎(じらう)がⓑよはひほどにて、容顔まことに美麗なりければ、③いづくに刀を立つべしともおぼえず。

「そもそもいかなる人にてましまし候ふぞ。名のらせたまへ。助けまゐらせん。」

と申せば、

「なんぢはたそ。」

と問ひたまふ。

「ものその者で候はねども、武蔵(むさし)の国の住人、熊谷次郎直実(くまがへのじらうなほざね)。」

と名のり申す。
④「さては、なんぢにあうては名のるまじいぞ。なんぢがためにはよい敵ぞ。名のらずとも首を取つて人に問へ。見知らうずるぞ。」
とぞのたまひける。

熊谷、

「あつぱれ、大将軍や。この人一人(いちにん)討ちたてまつたりとも、負く

2 ――線①「みぎはに打ち上がらんとする」、②「見ければ」の主語を、文章中から抜き出しなさい。　6点×2〔12点〕

①

②

3 やや難 ――線③「いづくに刀を立つべしともおぼえず」と直実が思ったのはなぜですか。その理由がわかる部分を文章中から三十字以内で抜き出し、はじめと終わりの五字を書きなさい。〔10点〕

～

4 よく出る ――線④「さては……見知らうずるぞ。」という言葉から読み取れる若武者の気持ちとして適切でないものを次から一つ選び、記号で答えなさい。〔10点〕

ア 直実は自分より格下であるという気持ち。
イ 相手のすきをついて逃げようという気持ち。
ウ 平家の名を汚(けが)してはならないという気持ち。
エ 命乞(ご)いなどせず、いさぎよく討たれようという気持ち。

5 ――線⑤「泣く泣く首をぞかいてんげる」について答えなさい。

(1) この部分は係り結びになっています。文末の形が変わるための特定の言葉を、この部分から抜き出しなさい。〔8点〕

(2) このときの直実の思いとして適切でないものを次から一つ選び、記号で答えなさい。〔10点〕

ア 同じことなら自分の手にかけて死後の供養(くよう)をさせてもらおう。
イ 若武者の高貴さに感服している自分の手で討ち取ってやりたい。
ウ 大将軍を討つという手柄(てがら)を他人に横取りされたくない。
エ 味方に見つかれば、どのみち殺されてしまうだろう。

漢字を読もう!　①戦　②鐘　③鶴
←答えは左ページ

べき戦に勝つべきやうもなし。また討ちたてまつらずとも、勝つべき戦に負くることもよもあらじ。小次郎が薄手負うたるをだに、直実は心苦しうこそ思ふに、この殿の父、討たれぬと聞いて、いかばかりか嘆きたまはんずらん。あはれ、助けたてまつらばや。」と思ひて、後ろをきつと見ければ、土肥・梶原五十騎ばかりで続いたり。

熊谷涙を抑へて申しけるは、

「助けまゐらせんとは存じ候へども、味方の軍兵雲霞のごとく候ふ。よも逃れさせたまはじ。人手にかけまゐらせんより、同じくは、直実が手にかけまゐらせて、後の御孝養をこそつかまつり候はめ。」

と申しければ、

「ただ、とくとく首を取れ。」

とぞのたまひける。

熊谷あまりにいとほしくて、いづくに刀を立つべしともおぼえず、目もくれ心も消えはてて、前後不覚におぼえけれども、さてしもあるべきことならねば、⑤泣く泣く首をぞかいてんげる。

「あはれ、弓矢取る身ほど口惜しかりけるものはなし。武芸の家に生まれずは、なにとて⑥かかる憂きめをば見るべき。情けなうも討ちたてまつるものかな。」

とかきくどき、袖を顔に押し当ててさめざめとぞ泣きゐたる。

〔「平家物語」による〕

1 〰線ⓐ・ⓑを現代仮名遣いに直して書きなさい。6点×2〔12点〕

ⓐ

ⓑ

6 よく出る ――線⑥「かかる憂きめ」とは、どのようなことですか。□にあてはまる言葉を、文章中から抜き出しなさい。〔10点〕

助けたいと思った若武者を、□□□□□□ である

という宿命から自らの手で殺さなければならなかったこと。

2 次の文章を読んで、問題に答えなさい。

祇園精舎の鐘の声、①諸行無常の響きあり。娑羅双樹の花の色、②盛者必衰のことわりをあらはす。おごれる人も久しからず、ただ春の夜の夢のごとし。たけき者もつひには滅びぬ、ひとへに風の前の塵に同じ。

〔「平家物語」による〕

1 この文章の特徴を次から一つ選び、記号で答えなさい。〔8点〕

ア 反復　イ 係り結び　ウ 対句　エ 倒置

2 ――線①「諸行無常」の意味を次から一つ選び、記号で答えなさい。〔10点〕

ア 一つ一つの物事は一生に一回限りである。

イ その時々の場面の変化に応じて適切な処置を施す。

ウ なりゆきにまかせて、物事をただ見ている。

エ あらゆるものは、常に移り変わっていくものである。

3 ――線②「盛者必衰」を言いかえている部分を、文章中から二つ抜き出しなさい。5点×2〔10点〕

漢字で書こう！ ①いくさ ②かね ③つる

答えは右ページ➡

漢詩の世界／漢文の読み方　漢詩の形式
漢字のしくみ1　熟語の構成・熟字訓

5分間攻略ブック p.8／p.17

確認

◇「漢詩」は中国の詩。独自の形式をもち、人生の悲哀や自然の豊かさなどをうたっている。代表的な詩人は、孟浩然、李白、杜甫など。

テストに出る！
ココが要点

春暁

●作者…孟浩然　●形式…五言絶句

●春眠暁を覚えず（＝春の夜は短く、また気候もよいので、つい寝過ごしてしまう）という言葉はこの一句めに由来。

黄鶴楼にて孟浩然の広陵に之くを送る

●作者…李白「詩仙」と称される。　●形式…七言絶句

●友人を送る作者の惜別の情。

春望

●作者…杜甫「詩聖」と称される。　●形式…五言律詩

●戦乱で荒れ果てた都と自分の境遇に対する思い。

絶句

●作者…杜甫　●形式…五言絶句

●前半…鮮やかな色彩感。後半…作者の心情。

漢詩の形式

一句の字数＼句の数	四句	八句
五字	五言絶句	五言律詩
七字	七言絶句	七言律詩

●絶句…起句・承句・転句・結句の四句からなる。

●律詩…二句一組で起承転結となり、全部で八句からなる。

漢詩の表現方法

●押韻…決められた句の末尾が同じ響きの音で終わる。

五言詩＝偶数句の終わりの字。

七言詩＝第一句と偶数句の終わりの字。

例

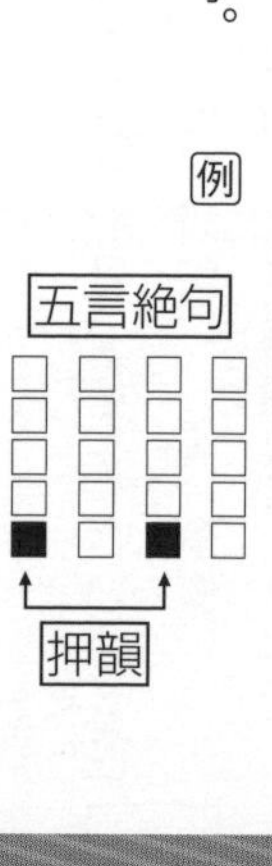

●対句…構造の似ている二つの句を対にして並べる。

例
感レ時花濺レ涙
恨レ別鳥驚レ心
｝対句

例題 1 黄鶴楼にて孟浩然の広陵に之くを送る

黄鶴楼にて孟浩然の広陵に之くを送る　李白

①**故人**西のかた黄鶴楼を辞し
煙花三月揚州に下る
②孤帆の遠影碧空に尽き
唯だ見る長江の天際に流るるを

1 よく出る 「黄鶴楼にて……」の詩から押韻を抜き出しなさい。

□　□　□

2 「黄鶴楼にて……」の詩で、次の文が表している句を選びなさい。

答えと解説

1 楼・州・流

七言詩は、第一句の末尾と偶数句の末尾が韻を踏む。

2 ウ

「舟の影は小さくなり、やがて

故人西ノカタ辞シ二黄鶴楼ヲ一
煙花三月下ル二揚州ニ一
孤帆ノ遠影碧空ニ尽キ
唯ダ見ル長江ノ天際ニ流ルルヲ

例題② 春望

春望　杜甫(とほ)

③**国破れて山河在り**
城春にして草木深し
時に感じては花にも涙を濺(そそ)ぎ
別れを恨(うら)んでは鳥にも心を驚かす
烽火三月(ほうかさんげつ)に連なり
④**家書万金(ばんきん)に抵(あた)る**
白頭掻(か)けば更に短く
渾(す)べて簪(しん)に勝(た)へざらんと欲(ほっ)す

国破レテ山河在リ
城春ニシテ草木深シ
感ジテハレ時ニ花ニモ濺ギレ涙ヲ
恨ンデハレ別レヲ鳥ニモ驚カスレ心ヲ
烽火連ナリ二三月ニ一
家書抵ル二万金ニ一
白頭掻ケバ更ニ短ク
渾ベテ欲スレ不ザラントレ勝ヘレ簪ニ

舟(ふね)の影は小さくなり、やがて見えなくなる。これまでの詩の流れに変化をつける句。

ア　起句(きく)　イ　承句(しょうく)
ウ　転句(てんく)　エ　結句(けっく)　（　　）

3　――線①とは誰のことですか。（　　）

4　よく出る　――線②について答えなさい。
(1)　用いられている表現技法を選びなさい。
ア　倒置　イ　擬人法　ウ　体言止め　（　　）
(2)　こめられた作者の心情を選びなさい。
ア　友の明るい未来をうらやんでいる。
イ　友が去る寂しさと孤独(こどく)を感じている。
ウ　長江の雄大(ゆうだい)な情景に感動している。　（　　）

5　よく出る　――線③と対句(ついく)になっている部分を書き下し文から抜き出しなさい。（　　）

6　――線④の意味を選びなさい。
ア　家族からの手紙は貴重だ。
イ　思いをつづった日記は慰めになる。
ウ　戦火を逃れた書物は高価だ。（　　）

見えなくなる」は第三句の内容。**転句は起句・承句の内容に変化をつけるはたらきをする。**

3　孟浩然
「故人」は、ここでは「**旧友**」の意味で、孟浩然を指す。

4　(1)ア　(2)イ
(1)普通の語順は「唯だ長江の天際に流るるを見る」となる。(2)友が乗った舟は**見えなくなり**、雄大な長江の情景の中に自分が**ぽつんといる**様子から考える。

5　城春にして草木深し
この漢詩では、**一句と二句、三句と四句、五句と六句がそれぞれ対句の関係にある。**

6　ア
「家書」は「**家族からの手紙**」の意味。戦乱の中、無事に届いた家族からの手紙は貴重だとうたっている。

漢字で書こう！　①とくめい　②かっとう　③ちょうこく
答えは右ページ➡

1 テストに出る!

予想問題

次の漢詩を読んで、問題に答えなさい。

解答 p.7　30分　/100点

春暁　孟浩然

①春眠暁を覚えず
処処啼鳥を聞く
夜来風雨の声
②花落つること知りぬ多少ぞ

春眠不レ覚レ暁
処処聞二啼鳥一
夜来風雨声
花落知多少

春望　杜甫

国破れて山河在り
城春にして草木深し
時に感じては花にも涙を濺ぎ
[ ]
烽火三月に連なり
家書万金に抵る
白頭掻けば更に短く
渾べて簪に勝へざらんと欲す

2 やや難　――線①「春眠暁を覚えず」を、現代語に直しなさい。〔10点〕

[ ]

3 ――線②「花落つること知りぬ多少ぞ」の意味を次から一つ選び、記号で答えなさい。〔10点〕

ア　花は全て落ちてしまったに違いない
イ　どうやら花は少ししか落ちなかったようだ
ウ　さぞ花がたくさん散ったことだろう
エ　花が落ちてしまわないか心配だ

[ ]

4 ――線③「恨別鳥驚心」を書き下し文に直しなさい。〔10点〕

[ ]

5 「春望」にこめられた作者の心情として適切でないものを次から一つ選び、記号で答えなさい。〔10点〕

ア　変わることのない自然に比べると、人間の営みなどむなしい。
イ　戦乱の中では、鳥の声が何よりも心の慰めになってくれる。
ウ　戦乱が続くと、離れている家族の消息が知れないのが不安だ。
エ　気がつけば自分はもうこんなに年老いており、やりきれない。

[ ]

6 よく出る　「絶句」から押韻を全て抜き出しなさい。完答〔5点〕

[ ]

漢字を読もう!　①失踪　②詐称　③挑戦
←答えは左ページ

国破山河在
城春草木深
③感時花濺涙
恨別鳥驚心
烽火連三月
家書抵万金
白頭掻更短
渾欲不勝簪

絶句　杜甫

④江碧にして⑤鳥逾白く
山青くして花然（燃）えんと欲す
⑥今春看又過ぐ
何れの日か是れ帰年ならん

江碧鳥逾白
山青花欲然
今春看又過
何日是帰年

1 よく出る 「春暁」の漢詩の形式を、漢字四字で書きなさい。〔5点〕

7 「絶句」の第一句と第二句は対句になっています。――線④「江」、⑤「鳥」と対応している語を、それぞれ一字で抜き出しなさい。 5点×2〔10点〕

④　⑤

8 ――線⑥「今春看又過ぐ」の説明として適切なものを次から一つ選び、記号で答えなさい。〔5点〕

ア 一句・二句を受けついで、自然の美しさを賛美している。
イ 一句・二句から転じ、時の移り変わりの速さを嘆いている。
ウ 一句・二句を受けついで、命の尊さを強調している。
エ 一句・二句から転じ、自然のはかなさを惜しんでいる。

9 よく出る 「絶句」にこめられた心情を次から一つ選び、記号で答えなさい。〔10点〕

ア 平和への願い　**イ** 別離の悲しみ
ウ 自然への賛美　**エ** 望郷の思い

2 次の①〜③の熟語と同じ構成の熟語を、あとからそれぞれ二つずつ選び、記号で答えなさい。 完答5点×3〔15点〕

① 読書　② 高低　③ 願望

ア 勝敗　**イ** 洗車　**ウ** 省略　**エ** 閉会　**オ** 温暖　**カ** 有無

3 次の①・②の――線の熟字訓の読み方を書きなさい。 5点×2〔10点〕

① 梅雨らしいすっきりしない天気が続く。
② 祖母から旅行の土産をもらった。

漢字で書こう！ ①しっそう　②さしょう　③ちょうせん
答えは右ページ➡

自立とは「依存先を増やすこと」

要旨

✿障がいの有無にかかわらず、全ての人が他者や社会に立ち向かい、その中に頼れる場所を開拓していくことで、他者や社会は人を支えてくれるものへと変わる。

5分間攻略ブック p.9

テストに出る! ココが要点

「自立」とはどうすることか（教 p.147～p.149）➤予想問題

●「自立」…依存しなくなることではなく、依存先を増やしていくこと。→障がいの有無にかかわらず、全ての人に通じる普遍的なこと。

●他者や社会…
・自分の前に立ちはだかるもの。
・頼れる場所を開拓していく→人を支えてくれるものへと変わる。

テストに出る! 予想問題

解答 p.7 30分 100点

次の文章を読んで、問題に答えなさい。

それ以来、一人暮らしをしようと、強く思うようになりました。当然のことながら親は大反対し、母がついてくると言いました。それならば、親が容易には来られない場所に行くしかない。それで、①山口県から東京の大学に進学したのです。親は、「社会というのは障がい者に厳しい。障がいをもったままの状態で一人で社会に出したら、息子はどうなってしまうのか。」と心配していたようです。でも、実際に一人暮らしを始めて私が感じたのは、②「社会は案外優しい場所なんだ。」ということでした。

大学の近くに下宿していたのですが、部屋に戻ると必ず友達が二、三人いて、「お帰り。」と迎えてくれました。いつのまにか合

1 ――線①「山口県から東京の大学に進学した」とありますが、進学先に東京の大学を選んだ理由として適切なものを次から一つ選び、記号で答えなさい。〔10点〕

ア　東京は障がい者に優しいところだから。
イ　親の言うことに反抗したかったから。
ウ　東京は親が容易には来られない場所だったから。
エ　東京には行きたい大学があったから。

□

2 ――線②「社会は案外優しい場所なんだ。」とありますが、筆者がそう感じたのは、どういうことがあったからですか。□にあてはまる言葉を、文章中から抜き出しなさい。10点×2〔20点〕

・友達が筆者の下宿に代わる代わるやってきて、□くれたり、介助してくれたりしたこと。
・外出時に見ず知らずの人に頼むと、□をしてくれたこと。

3 よく出る ――線③「数学者ではなく、医学の道を志すことを決めた」とありますが、それはなぜですか。文章中の言葉を使って書きなさい。15点×2〔30点〕

東京で一人暮らしを始めて以後、筆者のことを

漢字を読もう!　①抱える　②椅子　③立脚
←答えは左ページ

い鍵（かぎ）が八個も作られていて、みんなが代わる代わるやってきては好き勝手にご飯を作って食べていく。その代わり、私をお風呂（ふろ）に入れてくれたり、介助してくれたりしました。

　また、外出時に見ず知らずの人にトイレの介助を頼んだこともあります。たくさんの人が助けてくれました。こうした経験から③次第に人や社会に関心をもつようになり、入学当初目指していた数学者ではなく、医学の道を志すことを決めたのです。

　それまで私が依存できる先は親だけでした。だから、親を失えば生きていけないのでは、という不安がぬぐえなかった。でも、④一人暮らしをしたことで、友達や社会など、依存できる先を増やしていけば、自分は生きていける、自立できるんだということがわかったのです。

⑤「自立」とは、依存しなくなることだと思われがちです。でも、そうではありません。「依存先を増やしていくこと」こそが、自立なのです。これは障がいの有無にかかわらず、全ての人に通じる普遍的なことだと、私は思います。

　これから皆さんが接していく他者や社会というものは、自分の前に立ちはだかるものかもしれません。でも、皆さん自身がそれに立ち向かい、その中に頼れる場所を開拓していくことで、やがて皆さんを支えてくれるものへと変わっていくのです。

〔熊谷（くまがや）晋一郎（しんいちろう）「自立とは『依存先を増やすこと』」による〕

ⓐ［　　　　］経験を通して、

次第に ⓑ［　　　　］から。

4　――線④「一人暮らし」の前とあとで、筆者が依存する対象はどのように変わりましたか。文章中から抜き出しなさい。　5点×2〔10点〕

それまでは、依存できる対象は ⓐ［　　］だけだったが、新たに ⓑ［　　　　　］など、依存できる対象が増えた。

5　〈やや難〉――線⑤「自立」とはどうすることだと筆者は考えていますか。「…ではなく、〜である。」という形で、文章中の言葉を使って書きなさい。〔20点〕

［　　　　　　　　］

6　よく出る　筆者の考えとして適切なものを次から一つ選び、記号で答えなさい。〔10点〕

ア　他者や社会は、常に障がい者に対して厳しいものである。
イ　自立するためには、他者や社会に依存してはいけない。
ウ　他者や社会に頼ることができるのは、障がい者だけである。
エ　自分が頼れる場所を開拓すれば、他者や社会が支えてくれる。

［　　］

漢字で書こう！　①かか（える）　②いす　③りっきゃく
答えは右ページ➡

文法の窓2　助詞・助動詞のはたらき

確認

◆他の言葉のあとにつき、意味をつけ加える単語を付属語という。付属語には助詞と助動詞がある。
◆助詞は全部で四つの種類がある。

5分間攻略ブック p.19

テストに出る！ ココが要点

●付属語…他の言葉のあとに続き、さまざまな意味をつけ加える。
・活用しない…助詞（「が」「の」「のに」「から」など）
・活用する……助動詞（「れる・られる」「らしい」など）

格助詞…言葉と言葉の関係を示す。「が」「の」「を」「へ」「から」「で」など。

接続助詞…用言や助動詞につき、順接・逆接など前後のつながりを示す。「ば」「と」「が」「のに」「ので」「ても」など。

副助詞…さまざまな言葉について、その言葉をきわだたせる。「は」「さえ」「まで」「ばかり」「だけ」「ほど」など。

終助詞…主に文末について、疑問・禁止・感動・強調・勧誘（かんゆう）などの意味を表す。「か」「かい」「かしら」「な」など。

助動詞の見分け方

れる・られる	他から何かをされる	受け身
	自然と〜する気持ちになる	自発
	「〜することができる」	可能
	敬意を示す	尊敬
ない	「ぬ」「ん」で言いかえられる	打ち消しの助動詞
	「存在しない」という意味を表す	形容詞
	直前の言葉の意味を打ち消すはたらきをする	補助形容詞
そうだ	他から聞いた話を表す。終止形につく	伝聞
	物事の様子を表す。連用形につく	様態

テストに出る！ 予想問題

解答 p.8　20分　100点

1 次の単語をつなげたらどのような表現になるか、語を適切な形に変えて書きなさい。　4点×2〔8点〕

① 楽しい（形容詞）＋た（助動詞）＋の（助詞）＋です（助動詞）＋う（助動詞）＋か（助詞）

② 来る（動詞）＋て（助詞）＋いる（動詞）＋ます（助動詞）＋た（助動詞）＋よ（助詞）

2 よく出る ――線の助詞の種類をあとから一つずつ選び、記号で答えなさい。　4点×8〔32点〕

① ここが、僕の家です。
② ここは、私の家です。
③ ここから外に出られる。
④ 楽しいから、もう少しやろう。
⑤ 母と一緒に出かける。
⑥ 寒いと、体がこわばる。
⑦ ずいぶん遠いね。
⑧ 赤ちゃんは泣いてばかりいる。

ア 格助詞　イ 接続助詞　ウ 副助詞　エ 終助詞

①	②	③	④
⑤	⑥	⑦	⑧

3 よく出る ――線の「の」と同じ意味のものをあとから一つずつ選び、

例題

1 ――線の助詞の種類を選びなさい。

① 暑いのに、日陰さえない。（　　）

② あそこに工場がある。（　　）

ア 格助詞　**イ** 接続助詞　**ウ** 副助詞　**エ** 終助詞

2 ――線の「れる・られる」の意味を選びなさい。

① 先生に褒(ほ)められる。（　　）

② 幼い頃が思い出される。（　　）

ア 受け身　**イ** 可能　**ウ** 尊敬　**エ** 自発

3 ――線の「ない」の種類を選びなさい。

① この車は走らない。（　　）

② その問題は難しくない。（　　）

ア 形容詞　**イ** 補助形容詞　**ウ** 打ち消しの助動詞

4 ――線の「そうだ」の意味を選びなさい。

① 明日は雨が降りそうだ。（　　）

② 明日は雨が降るそうだ。（　　）

ア 伝聞　**イ** 様態

答えと解説

1 ①ウ　②ア

①他のものもないという意味をつけ加えている。②主語を示している。

2 ①ア　②エ

①「先生」から行為を受けている。②意識しなくても自然と思い出されるということ。

3 ①ウ　②イ

①「この車は走らぬ」と言いかえられる。②**形容詞「難しい」の連用形についている。**「難しく**は**ない」と「は」を入れても文意が通じる。

4 ①イ　②ア

①「降る」の**連用形**についている。②「降る」の**終止形**についている。

記号で答えなさい。　4点×4〔16点〕

① これは自転車のタイヤです。

② 君は、どこに行くの。

③ 僕のを使っていいよ。

④ 彼は、声のいい人です。

ア 母の使っていた椅子です。

イ その白いのがほしい。

ウ そこは涼しいの。

エ ペンのインクが切れた。

①	②	③	④

4 **次の文のうち、――線の「ない」が助動詞であるものを二つ選び、記号で答えなさい。**　4点×2〔8点〕

ア 犬がえさを食べない。　**イ** 一つもミスがない。

ウ それほど寒くはない。　**エ** 誰もここに来ない。

（　　）（　　）

5 やや難 **――線の助動詞の意味をあとから一つずつ選び、記号で答えなさい。**　3点×12〔36点〕

① これはよく飛びそうだ。

② これはよく飛ぶそうだ。

③ 明日はとても冷えるらしい。

④ 花のように美しい人。

⑤ 例えばリスのような小さな動物。

⑥ 父に叱られる。

⑦ 社長がここに来られる。

⑧ 彼の言葉なら信じられる。

⑨ 子供たちのことがしのばれる。

⑩ 明日は雨になろう。

⑪ 明日は早起きしよう。

⑫ 弟に作業をさせる。

ア 例示　**イ** 推定　**ウ** 伝聞　**エ** 様態　**オ** たとえ　**カ** 使役

キ 受け身　**ク** 可能　**ケ** 自発　**コ** 尊敬　**サ** 推量　**シ** 意志

①	②	③	④	⑤	⑥
⑦	⑧	⑨	⑩	⑪	⑫

漢字で書こう！　①つ(り)　②かさ　③とちゅう

答えは右ページ➡

教科書 p.236〜p.237

文法のまとめ（文の成分の順序と照応・文の種類）

確認

◆文の成分の順序によって文の意味が変わり、また、文の成分が正しく照応していないと文意が伝わらなくなる。
◆文には、単文・複文・重文の三つがある。

5分間攻略ブック p.20

テストに出る！

ココが要点

●文は、**読点**（「、」）を打ったり、**語順**を変えたりすることによって、的確に意味が伝わるようになる。

例 警察官は必死になって逃げる泥棒を追いかけた。

・警察官は、｜必死になって　逃げる　泥棒を　追いかけた。
（「必死になって」いるのは**泥棒**。）

・警察官は　必死になって、｜逃げる　泥棒を　追いかけた。
（「必死になって」いるのは**警察官**。）

●文は、文の成分が適切に**照応**していないと形が整わず、意味がつながらなくなる。

例 私の目標は（主語）、リレーの選手になりたいです（述語）。
主語と述語の関係が不適切（＝ねじれている）。

私の目標は、リレーの選手に**なることです**。
（述部を主部「私の目標は」に照応させる。）

私は、リレーの選手になりたいです。
（主語を述語「なりたいです」に照応させる。）

●**単文**…一つの文の中に、主語（主部）と述語（述部）を一つずつ含む文。

●**複文**…主語（主部）と述語（述部）からなる一つの文の中にさらに主述の関係をもつ部分がみられるもの。

●**重文**…二つの単文が対等の関係でつながった文。

テストに出る！

予想問題

解答 p.8　20分　100点

1 次の文は、二通りの意味に取ることができます。それぞれの意味を説明した文の□に適切な言葉を書きなさい。　6点×4〔24点〕

(1) お母さん、赤色の帽子と服を洗濯（せんたく）しておいてね。

① □だけが赤色である。
② 帽子と服はどちらも□である。

①
②

(2) 兄は難しい顔をして本を読んでいる妹に話しかけた。

① □をしているのは兄である。
② 難しい顔をしているのは□である。

①
②

2 やや難 次の文について、指定された意味になるように、読点を用いて全文を書き直しなさい。　10点×2〔20点〕

・母は涙を流して故郷を去ろうとする兄を見送った。

① 涙を流しているのは「母」

漢字を読もう！　①迎え　②整える　③適切
←答えは左ページ

例題

1 次の文が正しい文になるように、――線を書き直しなさい。

一番の問題点は、まだ荷物が届いていない。

（　　　　）

2 次の文の種類を選びなさい。

① 私は、猫が遊ぶ様子を眺めた。

② 冷たい雨がしとしとと降っていた。

③ 兄は会社員になり、弟は芸能人になった。

④ 私は、あなたが我が家に来たことを知らなかった。

ア 単文　**イ** 複文　**ウ** 重文

①（　）②（　）③（　）④（　）

答えと解説

1 例 荷物が届いていないことだ

主語「問題点は」に対して述語（述部）を適切に照応させるには、「〜ことだ」などをつけ加える。

2 ①イ　②ア　③ウ　④イ

①**「私は‐眺めた」**という**一文中に「猫が‐遊ぶ」という主述の関係**がある。

②**主語と述語が一つずつ**しかない。

③**二つの単文が対等の関係**でつながっている。

④**「私は‐知らなかった」**という**一文中に「あなたが‐来た」という主述の関係**がある。

---

② 涙を流しているのは「兄」[　　　　]

3 よく出る **次の文を、文の成分が照応するように書き直す場合、[　]にあてはまる言葉を書きなさい。** 8点×2〔16点〕

① 私が思ったのは、金魚はかわいいと思いました。

← [　　　　] 思いました。

② 私の将来の夢は、体育の先生になります。

← 私の将来の夢は、体育の[　　　　]。

4 よく出る **次の文が単文ならア、複文ならイ、重文ならウの記号を書きなさい。** 10点×4〔40点〕

① 空は果てしなく澄みきり、海は青く輝（かがや）いていた。

② 立派なたてがみをもった大きなライオンが寝ている。

③ 私は、遠くでサイレンが鳴っているのを聞いた。

④ 弟は以前からほしがっていたおもちゃを買ってもらった。

①[　] ②[　] ③[　] ④[　]

漢字で書こう！ ①むか（え）　②ととの（える）　③てきせつ

答えは右ページ➡

大阿蘇
言葉発見④ 類義語・対義語、多義語

主題

◆生命の営みを表す馬の姿と、自然の雄大さを感じさせる、濛々とあがる噴煙や蕭々と降る雨。作者はその風景を前に悠久の自然に感動している。

テストに出る！
ココが要点

詩の形式

●口語自由詩…現代の言葉で、音数やリズムにきまりのない詩。
●叙景詩…自然の風景の描写に重点をおいた詩。

詩の特徴

●反復…同じ言葉や表現を繰り返し、強調したり調子を整えたりする。

テストに出る！
予想問題

解答 p.9　30分　100点

1 次の詩を読んで、問題に答えなさい。

大阿蘇　　三好 達治

雨の中に馬がたっ①ている
一頭二頭子馬をまじえた馬の群れが　雨の中にたっている
雨は②蕭々と降っている
馬は草をたべている
しっぽも背中もたてがみも　ぐっしょりとぬれそぼって
彼らは草をたべている
草をたべている
あるものはまた草もたべずに　きょとんとしてうなじを垂れて
たっている

2 よく出る ――線①「ている」について答えなさい。

(1) この詩には「ている」が多く使われています。このように同じ表現を繰り返す表現技法を書きなさい。〔10点〕

(2) 「ている」が多く使われることによる効果を次から一つ選び、記号で答えなさい。〔5点〕

ア 風景や状態が次々に新しく変わっていく様子を表す。
イ 目の前の風景が単調でおもしろみがないことを強調する。
ウ 風景や状態が永遠に続いていくような印象を与える。
エ 現実から離れた、幻想的な雰囲気を表現している。

3 ――線②「蕭々と」の意味を次から一つ選び、記号で答えなさい。〔5点〕

ア もの寂しい様子で　イ 断続的に少しずつ
ウ 激しく音を立てて　エ 強く横なぐりに

4 ――線③「けじめもなしにつづいている」とありますが、何と何がつづいているのですか。詩中から二つ抜き出しなさい。10点×2〔20点〕

漢字を読もう！　①噴煙　②浜　③一瞬
←答えは左ページ

雨は降っている　蕭々と降っている
山は煙をあげている
中岳(なかだけ)の頂から　うすら黄いろい　重っ苦しい噴煙が濛々(もうもう)とあ
　がっている
空いちめんの雨雲と
やがてそれはけじめもなしにつづいている
馬は草をたべている
草千里浜(くさせんりはま)のとある丘(おか)の
雨に洗われた青草を　彼らはいっしんにたべている
たべている
彼らはそこにみんな静かにたっている
ぐっしょりと雨にぬれて　いつまでもひとつところに　彼らは
　静かに集まっている
もしも百年が　この一瞬の間にたったとしても　何(なん)の不思議も
　ないだろう
雨が降っている　雨が降っている
雨は蕭々と降っている

1 よく出る　この詩の形式を次から三つ選び、記号で答えなさい。　4点×3〔12点〕

ア 文語詩　イ 口語詩　ウ 定型詩　エ 自由詩
オ 散文詩　カ 叙情詩　キ 叙景詩　ク 叙事詩

5 よく出る　作者の心情が最も強く表現されている一文を抜き出し、はじめの五字を書きなさい。〔10点〕

6 やや難　この詩の主題を次から一つ選び、記号で答えなさい。〔10点〕

ア 自然に対する畏(おそ)れといらだち。
イ 生き物の盛んな食欲に対する驚き。
ウ 自然の雄大(ゆうだい)さと永続性への感動。
エ 降り続ける雨から感じる憂鬱(ゆううつ)な気持ち。

2 ①・②には類義語を、③・④には対義語を書きなさい。　3点×4〔12点〕

① 願望：　② 準備：
③ 間接↔　④ 需要↔

3 ――線の意味をあとから一つずつ選び、記号で答えなさい。　4点×4〔16点〕

① 問題を解決する道を考え出す。
② 風流の道をきわめたいものだ。
③ 狭(せま)い道を歩く。
④ その家までの道は、わかりにくい。

ア 道路。通路。　イ 経路。道のり。
ウ 方法。手段。　エ 専門の領域。方面。

漢字で書こう！　①ふんえん　②はま　③いっしゅん
答えは右ページ➡

教科書 p.162～p.173

小さな手袋

主題

◆雑木林でシホはおばあさんと親交を深めたが、祖父の死を境にシホの足は雑木林から遠のく。二年半後、シホは修道女の話からおばあさんの自分への愛情を知る。

⇨5分間攻略ブック p.10

テストに出る！

ココが要点

祖父の死とシホの変化（教p.167）▼例題

父親の目から見た、祖父の死を挟んだシホの様子の変化。

●活発に笑う。毎日、雑木林のおばあさんに会いに行く。

↕ 祖父の死 … **暗い**顔。うつむき続ける。何かが**変化**。

●おばあさんのいる雑木林に行かなくなる。…**自然**な感じだった。

二年半の月日とおばあさんの思い（教p.169～p.171）▼予想問題

修道女から、おばあさんのことを聞く。

●クリスマスプレゼントとして**ミトンの手袋**を編んでいた。
- 普通の**五倍**も時間がかかった。
- 六年生の今となっては**小さい**。

●今はぼけが激しくなり、心は昔の**大連**（だいれん）へと帰ってしまった。

例題　祖父の死とシホの変化

私と娘は、妻からの知らせを待つことになった。いつでも、すぐに駆けつけることができるように準備していた。

その間、①**シホは遠慮（えんりょ）がちに雑木林へ出かけた。そして、短い時間で帰ってきた。**おばあさんからも「お大事に。」という伝言をもらってきた。

やがて、②**私たちが列車に乗らなければならない日がやってきた。**

シホにとっては、初めて体験する身内の不幸であった。幼いときから親しんだ祖父との別れは、小さな胸にも深い傷を刻んだようだ。

いつもは活発な笑い声をたてている子が、大人のよ

1 よく出る ——線①の理由を選びなさい。

ア　祖父の病状の急変が心配だったから。
イ　親から行くことを止められていたから。
ウ　おばあさんへの関心が薄れてきたから。（　　）

2 ——線②は具体的にどういう意味ですか。

（　　　　）ということ。

3 ——線③は誰のどのような心情を表していますか。

答えと解説

1 ア

シホの祖父は病状が思わしくなく、シホの母だけが病床に駆けつけている。毎日雑木林に行くものの、母から**いつ連絡が来るか気がかり**なのである。

2 例 祖父がなくなった

直後の「身内の不幸」「祖父との別れ」から祖父が死んだことを読み取る。

3 ア

「痛々しい」は「気の毒で見てい

漢字を読もう！　①繁茂　②瞳　③滞留
←答えは左ページ

うな暗い顔をしているのは③**痛々しかった**。別れのための儀式が執り行われている間中、娘はうつむき続けた。

娘の中で、④**何かが変化した**のを、私は目撃したように思った。実は祖父の死というものが、これほどの衝撃を九歳の子供に与（あた）えるとは、私は予想もしなかったのである。

⑤**シホの変化は、そのまま雑木林のおばあさんとの交際にもつながった**。東北から帰ってきてから、シホはまるでおばあさんのことを忘れたように雑木林から遠のいた。

それがきわめて自然だったので、私も妻も顔を見合わせただけでひと言もふれなかった。おばあさんがシホを心待ちにしているだろうことは察せられた。

⑥**しかし、私たちにはそのときの娘の心に立ち入ることはどうしてもできなかった**。もしかしたら、シホはおばあさんのことを本当に忘れてしまったのかもしれない。そのような自然さだった。

〔内海（うつみ）隆一郎（りゅういちろう）「小さな手袋」による〕

ア　父親が、悲しむ娘を切なく思う心情。
イ　シホが、祖父との別れを悲しむ心情。
ウ　妻が、暗い顔の娘をあわれに思う心情。　（　　）

4　――線④の説明として適切でないものを選びなさい。
ア　人の命について考えるようになった。
イ　死や別れが怖いと思うようになった。
ウ　新たな出会いを期待するようになった。　（　　）

5　――線⑤を具体的に説明しなさい。
シホが、雑木林のおばあさんに（　　　　　　）。

6　よく出る　――線⑥の理由としてあてはまる言葉を抜き出しなさい。
祖父の死に［　　］を受けたあと、シホがおばあさんに会いに行かなくなったことがあまりにも［　　］で、どう対応すればよいかとまどっているから。

られないほどかわいそうだ」の意。祖父との別れを悲しむ**シホに対する「私」（父親）の心情**である。

4　ウ

✎ 祖父の死は、シホの胸に深い傷を刻み、衝撃を与えている。シホは、人の生や死、別れなどに考えが及（およ）ぶようになったと考えられる。よってウのような**前向きな感情は適切ではない**。

5　例　会いに行かなくなった

✎ **「雑木林から遠のいた」**の部分から、シホが雑木林のおばあさんに会いに行かなくなったことを読み取る。

6　衝撃・自然

✎ シホが大きな衝撃を受け、何かが変化したことはわかっても、会いに行かなくなったことが**「きわめて自然」**だったため、「私たち」は対応に困ったのである。

漢字で書こう！　①はんも　②ひとみ　③たいりゅう
答えは右ページ➡

テストに出る！

予想問題

解答 p.9

30分

100点

次の文章を読んで、問題に答えなさい。

クリスマスの近づいたある日。おばあさんは修道女に泣いて頼んだそうだ。――①シホちゃんに渡したいものがあるから、どうしても探してほしい。これを渡すだけでいいのだから、見つけて連れてきてください。

「宮下さんは、よほどシホちゃんが好きだったのね。――私たちは手分けして、この辺り一帯を探しました。でも、このカルテのご住所を見ると、探した範囲からはだいぶ離れているようねえ。」

修道女はため息をついて、小さく笑った。そして、ちょっと待ってね、と言いおいて薬剤室へ入っていった。しばらくしてから、彼女は茶色の袋を持って現れた。

「これ、そのときの宮下さんからシホちゃんへのクリスマスプレゼントなのよ。あのあと、私が預かっていました。」

二年以上も、とつぶやきながら、シホは袋を開けてみた。手袋だった。赤と緑の毛糸で編んだミトンのかわいい手袋だった。

「それはね、宮下さんがシホちゃんにないしょで、毎晩少しずつ編んだものなのよ。あの不自由な手で、一か月半もかかって……。」

②手袋は、それほど長い日数をかけたにしては、余りに小さかった。普通の五倍も時間がかかるという苦しい思いをして、ようやく編みあげた手袋だった。

③シホは、小さな手袋を両手に包み、顔を強く押しつけた。かす

1 ――線①「シホちゃんに渡したいもの」とは、具体的にどんなものですか。文章中から二十字で抜き出しなさい。〔10点〕

2 ――線②「手袋は、それほど……小さかった。」について答えなさい。

(1) 長い日数がかかった理由がわかる部分を、文章中から五字で抜き出しなさい。〔10点〕

(2) よく出る「小さかった」ことが意味するものを次から一つ選び、記号で答えなさい。〔10点〕

ア おばあさんがシホを実際より小さな子だと思い込んでいたこと。
イ おばあさんがクリスマスまでに手袋を完成できなかったこと。
ウ 長い間おばあさんに会わないうちにシホが成長していたこと。
エ シホがおばあさんの愛情を受けて立派に成長したこと。

3 ――線③「シホは……漏れ出た。」とありますが、このときのシホの気持ちとして適切でないものを次から一つ選び、記号で答えなさい。〔10点〕

ア おばあさんの孤独（こどく）な身の上をあわれに思う気持ち。
イ おばあさんの温かい愛情を感じ、感謝する気持ち。
ウ おばあさんの愛情に応えなかった自分を責める気持ち。
エ おばあさんに会いに来なかったことを後悔する気持ち。

漢字を読もう！ ①妖精　②膝　③漂う
←答えは左ページ

かなおえつが漏れ出た。

「それで、」と私が代わりに聞いた。「宮下さんは、今どうなさっていますか。」

「はい、お元気ですよ。まだ、この病院に入院していらっしゃいます。」

シホが顔を上げた。涙でぬれた目が輝いた。

「④会いたい。会ってもいいですか。」

シホは、すぐさま走りだそうという気配を見せた。それを修道女が静かに押しとどめた。

「⑤会ってもしかたありません。もうシホちゃんが誰なのか、わからないんですよ。この一年ほどで、急にぼけが激しくなりましてね。……しきりに⑥大連（だいれん）のことばかり話しています。周りの人を、みんな大連に住んでいたときの近所の人だと思いこんでね。ご本人は大連にいるんだって思っているんでしょうね。」

「大連に……。」

「そう。宮下さんは、もう大連へ帰ってしまったんですよ。昔の大連にね。」

病院を辞去したあと、自転車の荷台からシホが、⑦雑木林へ寄っていきたい、と言った。熱のあるのが心配だったが、私はうなずいて、自転車を雑木林の入り口の方へ向けた。


〔内海（うつみ） 隆一郎（りゅういちろう）「小さな手袋」による〕

4 〈やや難〉 ――線④「会いたい。会ってもいいですか。」とありますが、会ってどうしたいのだと考えられますか。考えて書きなさい。〔15点〕

5 ――線⑤「会ってもしかたありません。」とありますが、なぜですか。文章中の言葉を使って書きなさい。10×2〔20点〕

宮下さんは、この一年で ⓐ ため、今シホに会っても、ⓑ から。

6 ――線⑥「大連のことばかり話しています」とありますが、そんな今の宮下さんのことを、修道女はどのように考えていますか。文章中の言葉を使って書きなさい。〔15点〕

宮下さんは、

7 〈よく出る〉 ――線⑦「雑木林へ寄っていきたい」とシホが言った理由として適切なものを次から一つ選び、記号で答えなさい。〔10点〕

ア 雑木林には、きっとおばあさんが来ていると思ったから。
イ 雑木林に行けば、おばあさんの思い出に浸れると思ったから。
ウ 雑木林でのできごとは今日限り忘れようと思ったから。
エ 雑木林でなら、大連の様子を感じ取れると思ったから。

漢字で書こう！ ①ようせい ②ひざ ③ただよ(う)
答えは右ページ➡

教科書 p.182〜p.191／p.193

動物園でできること
漢字のしくみ2　熟語の読み

要旨

◆動物園の飼育係であった筆者は、動物園が来園者にとって「レクリエーションの場」であるとともに、野生動物や自然環境を「学ぶ場」であることを願い、模索し続ける。

5分間攻略ブック p.12／p.13

テストに出る！
ココが要点

動物園の役割（教 p.182〜p.183）▼例題

動物園のもつ役割を考える。

- レクリエーションの場の提供。→一般的に広く知られている。
- 野生動物を保護し、次の世代へ伝える。
- 野生動物についての調査や研究。
- 野生動物や自然環境について学ぶ場の提供。

→十分に伝えきれていない。

野生動物の魅力を伝える試み（教 p.186〜p.188）▼予想問題

野生動物のすばらしさを伝えようと試行していた筆者。

- ペンギンの散歩
  - 来園者の反応：「かわいい」
  - 筆者の意図：たくましさも知ってほしい。
- エゾシカの展示
  - 来園者の反応：「見飽きた」「憎たらしい」
  - 筆者の意図：すばらしさを知ってほしい。

例題　動物園の役割

けれども、①**動物園**には、レクリエーションの場を提供することの他にも重要な役割がある。

二〇世紀以降、野生動物たちの生活の場である自然環境が急速に悪化し、多くの種類の動物が絶滅の危機にひんしている。そのような中で、動物園は、野生動物を保護し、次の世代へ伝える役割を担(にな)っている。また、そのために必要な、②**野生動物についての調査や研究**も動物園の役割の一つである。

更には、③**野生動物や自然環境について学ぶ場を人々に提供することも、動物園の大切な役割だ。**人間を含めた地球上の生き物たちは、なんらかの形でつながり合い、複雑で多様なしくみを築きあげている。生きて

1　――線①は、一般の人々にとってどのような場所として知られていますか。

（　　　　）の場。

2　――線②の目的を選びなさい。

ア　知能や性質に合った芸を教えるため。
イ　動物園で長生きしてもらうため。
ウ　野生動物を絶滅の危機から救うため。

（　　）

3　よく出る　――線③とありますが、野生動物や自然環境について学ぶことが大切なのはなぜですか。

答えと解説

1　レクリエーション

「レクリエーションの場」の提供は、一般に知られている動物園の役割の一つである。

2　ウ

直前の「そのために」が指している「野生動物を保護し、次の世代へ伝える」を捉える。

3　複雑・多様

人間と他の生き物たちはつながっているのだから、野生動物と野

漢字を読もう！　①狩り　②施設　③繁殖
←答えは左ページ

動く④**野生動物**を目の前にしながら、彼らと彼らが暮らす環境のことを理解し、彼らとともに生きることの意味や大切さについて学ぶことができるのが動物園なのである。

このように、動物園には四つの大きな役割がある。それらは互いに関連し合っており、どれも重要なものであるが、残念なことに、レクリエーションの場を提供すること以外の役割については、人々に余り知られていない。動物園としても、それらの役割があること自体を十分に伝えきれていないといわれている。

私は、動物園で飼育係をしながら、そこで行われる教育活動に従事してきた。つまり、野生動物や自然環境を学ぶ場を提供することについて研究し、実践することが私の仕事だった。[A]、今ある「レクリエーションの場」に、どのようにして「学びの場」を組み合わせていくかということは、動物園にとってはもちろん、⑤**私自身にとっても大きな課題**なのである。動物園はまず、楽しい場所でなくてはならない。また、よりよく学ぶためにも楽しさは欠かせない。[B]、楽しいことや楽しかったことが必ずしも学びにつながるとは限らない。

〔奥山(おくやま) 英登(ひでと)「動物園でできること」による〕

人間と他の地球上の生き物たちは、つながり合い、(　　　)で(　　　)なしくみを築きながら生きているから。

4 ――線④が現在置かれている状況を選びなさい。

ア ほとんどが絶滅してしまっている。
イ 生息する環境が悪化しつつある。
ウ 動物園で暮らす種が多くなった。

(　　　)

5 [　]A・Bにあてはまる言葉を選びなさい。

ア だから　**イ** なお　**ウ** しかし

A(　　　)　B(　　　)

6 よく出る ――線⑤の内容を説明している部分を四十五字で抜き出し、はじめと終わりの三字を書きなさい。

[　　　]～[　　　]

生動物が暮らす環境を理解し、**ともに生きていくことについて学ぶ**機会を提供することも、動物園の大切な役割である。

4 イ

✎ 二つめの段落の「**二〇世紀以降……危機にひんしている**」という一文から考える。

5 Aア　Bウ

✎ Aの直前の部分は、直後の部分の**理由となっている**。Bの前後の文は**逆接**の関係になっている。

6 今ある～うこと

✎ 直前の内容を捉える。一般の人々に、**動物園が「レクリエーションの場」であるということ以外の役割を、いかに浸透させていくのかが**課題なのである。

漢字で書こう! ①か(り)　②しせつ　③はんしょく
答えは右ページ➡

テストに出る！

予想問題

解答 p.10

30分

/100点

1 次の文章を読んで、問題に答えなさい。

日本人はペンギン好きな国民といわれている。アニメや広告のキャラクターになったり、さまざまなグッズになったりする機会も多い。動物園でもペンギンの展示施設には多くの人が集まり、①「かわいい」という声があちこちからあがる。しかし、彼らは、黙々と陸上を歩き、シャチやヒョウアザラシなどの天敵が待つ海中に潜って狩りをするという、たくましさをもった野生動物なのだ。一回の潜水時間は約五分、潜る深さは二〇〇メートルを超えるという。

一般に、人々が動物に向かって「かわいい」という言葉を発するとき、その動物がたとえ大人であっても、どこか自分たち人間よりも幼いもの、か弱いものとして見ているところがあるように私には感じられる。かわいいと思うことは決して悪いことではないし、私にもペンギンたちがかわいいと思えるときがある。けれども、そのすごさやたくましさを知ると、もはや、②「かわいい」という言葉だけでは、彼らに対して申しわけない気持ちになるのだ。

自然の中で暮らすペンギンのたくましい姿にも思いをよせてほしいという願いから、なんの脚色もせず、ただ彼らが歩く姿を見てもらう散歩を行っている。また、そのたくましさを感じ取ってもらうための一つのお手伝いとして、散歩前に彼らの野生下の様子を解説する時間を私は設けていた。「ペンギンの散歩」には、

1 ――線①「かわいい」という言葉を、筆者はどのように感じていますか。次から一つ選び、記号で答えなさい。〔15点〕

ア　何に対しても不用意に使っているように思う。
イ　人間を襲わない動物にしか使っていないようだ。
ウ　「かわいい」と思うことはあまりよくない。
エ　やや見下しているような響きが感じられる。

□

2 よく出る ――線②「『かわいい』という言葉だけでは、彼らに対して申しわけない気持ちになる」とは筆者のどんな思いを表していますか。次から一つ選び、記号で答えなさい。〔15点〕

ア　動物園でのペンギンの生活環境をもっと快適にしようと思う。
イ　ペンギンを尊敬し、お金をかけて世話するべきだと思う。
ウ　ペンギンのすごさやたくましさも称賛したいと思う。
エ　「かわいい」より愛情の強い表現の方がふさわしいと思う。

□

3 ――線③「四季に合わせた姿」とありますが、秋のエゾシカの様子を表した次の文の□にあてはまる言葉を、文章中から抜き出しなさい。5点×2〔10点〕

オスは新たにⓐ□□□□を生やして恋の季節を迎え、ⓑ□□をめぐって闘いをする。

4 やや難 ――線④「『憎たらしい』という言葉」とありますが、来園者がこのように言う理由を書きなさい。〔10点〕

漢字を読もう！　①家畜　②及ぶ　③与える
←答えは左ページ

たくさんの来園者が集まるので、どうしても解説が演説のようになってしまうのがもどかしかったが、そうしたペンギンたちの姿を、毎年多くの人が楽しみにしてくれている。

三つめの例として、私が飼育係を七年間務めてきたエゾシカの展示を紹介したい。エゾシカは日本最大の草食獣であり、日本の③四季に合わせた姿を見せる。春から夏にかけて、まさに鹿(か)の子(こ)まだらの美しい夏毛に生え替わり、オスは角を落とし、メスは子を産む。秋を迎えると、オスは新たに立派な角を生やして恋の季節を迎え、メスをめぐる闘争を展開する。冬はエゾシカにとって厳しい季節ではあるが、真っ白な雪の大地に冬毛のエゾシカのコントラストが幻想的ですらある。そのような姿に、私は飽きることがなかった。そして、こんなにすばらしい野生の動物と、この国でともに生きているということを誇らしくさえ思ってきた。

だから、来園者の声の中でつらかったのは、「エゾシカなんて見飽きたよ」④「憎たらしい」という言葉だった。確かにエゾシカは、北海道では出会う機会の多い野生動物で、むしろ、その増加が農林業被害や衝突事故で問題になっている害獣でもある。被害を受けた人にとってみれば憎たらしくも見えるだろう。これが例えば、わが国においては動物園でしか見ることのできないジャイアントパンダであれば、来園者から「見飽きた」などという声は出ないだろう。けれども、どちらの動物も地球上の生物の豊かさを構成している一員であり、その点で⑤エゾシカとジャイアントパンダに違いはないはずだ。

［奥山(おくやま) 英登(ひでと)「動物園でできること」による］

5 よく出る ――線⑤「エゾシカとジャイアントパンダ」とありますが、エゾシカとパンダとの⑴相違点、⑵共通点を簡潔に書きなさい。 10点×2〔20点〕

⑴

⑵

2 よく出る 次の熟語を、①重箱(じゅうばこ)読み、②湯桶(ゆとう)読み、③それ以外に分けなさい。 完答6点×3〔18点〕

ア 新型　**イ** 巻物　**ウ** 縁側
エ 天使　**オ** 合図　**カ** 野宿

①

②

③

3 ――線の同音異義語を漢字で書きなさい。 3点×4〔12点〕

⑴ ①精密なキカイ。
　 ②絶好のキカイを逃す。

⑵ ①子供時代をカイソウする。
　 ②店内を新しくカイソウする。

⑴ ①

⑴ ②

⑵ ①

⑵ ②

漢字で書こう！ ①かちく　②およ（ぶ）　③あた（える）
答えは右ページ➡

走れメロス

主題

◇親友を人質にして暴君ディオニスに信実の存在を証明しようと走るメロス。困難を乗り越えて親友の元に戻り抱擁し合ったとき、かたくなだった王は改心する。

⇨5分間攻略ブック p.14

テストに出る! **ココが要点**

メロスと王との対決（教p.202～p.204）▶予想問題

●メロス…人の心を疑うのは**悪徳**だ。
⇔
●王……人間は**私欲**のかたまりだ。→人間不信

●捕縛されたメロスは、友人を**人質**にして、処刑までに三日間の**猶予**をもらう。王はだまされたふりをして、メロスの願いを聞く。

刑場に戻ってきたメロス（教p.213～p.214）▶例題

メロスとセリヌンティウスの友情の形と王の変化を捉える。

●メロス…セリヌンティウスを**裏切り**、走るのをやめようとした。
●セリヌンティウス…メロスが戻ってくることを**疑った**。
⇔互いに恥じ、殴り合い、**抱擁**する。
●王…**信実**の存在を信じ、メロスたちの仲間になることを願う。

例題 刑場に戻ってきたメロス

「私だ、刑吏！　殺されるのは、私だ。メロスだ。彼を人質にした私は、ここにいる！」と、かすれた声で精いっぱいに叫びながら、ついにはりつけ台に上り、つり上げられてゆく友の両足に、かじりついた。群衆は、どよめいた。あっぱれ。許せ、と口々にわめいた。セリヌンティウスの縄は、ほどかれたのである。

「セリヌンティウス。」メロスは目に涙を浮かべて言った。「私を殴れ。力いっぱいに頰を殴れ。私は、途中で一度、①**悪い夢**を見た。君がもし私を殴ってくれなかったら、私は君と抱擁する資格さえないのだ。殴れ。」

セリヌンティウスは、②**全て**を察した様子でうなずき、刑場いっぱいに鳴り響くほど音高くメロスの右頰を

1 よく出る ——線①とはどういうことですか。選びなさい。

ア 本当はもっと早く戻るはずだったこと。
イ セリヌンティウスを人質にしたこと。
ウ 親友を裏切り生き延びようとしたこと。
（　　）

2 ——線②にあてはまらないものを選びなさい。

ア メロスが自分で自分を許せないこと。
イ 自分と同じような迷いで苦しんだこと。
ウ 邪魔が入って早く戻れなかったこと。
（　　）

答えと解説

1 ウ

「君がもし……さえないのだ」より、メロスの悪い夢とは、**セリヌンティウスの親友として恥ずべき迷い**だったことを表すと読み取れる。

2 ウ

セリヌンティウスは、自分と似た迷いを抱いたメロスをそのまま許すと逆にメロスがつらい思いをすることを察したので、メロスを殴り、そのあとで自分も殴られたのである。

漢字を読もう!　①敏感　②嘲笑　③酔う
←答えは左ページ

殴った。殴ってから優しくほほえみ、

「メロス、私を殴れ。同じくらい音高く私の頰を殴れ。私はこの三日の間、③**たった一度だけ、ちらと君を疑った**。生まれて、初めて君を疑った。君が私を殴ってくれなければ、私は君と抱擁できない。」

メロスは腕にうなりをつけてセリヌンティウスの頰を殴った。

「ありがとう、友よ。」二人同時に言い、ひしと抱き合い、それから④**うれし泣きにおいおい声を放って泣いた**。

群衆の中からも、歔欷(きょき)の声が聞こえた。暴君ディオニスは、群衆の背後から二人のさまを、まじまじと見つめていたが、やがて静かに二人に近づき、⑤**顔を赤らめて**、こう言った。

「おまえらの望みはかなったぞ。おまえらは、⑥**わしの心に勝った**のだ。信実とは、決して空虚な妄想ではなかった。どうか、わしをも仲間に入れてくれまいか。どうか、わしの願いを聞き入れて、⑦**おまえらの仲間**の一人にしてほしい。」


〔太宰治(だざいおさむ)「走れメロス」による〕

3 よく出る ——線③について、どのような疑いをもったのですか。
（　　　　　　　　）という疑い。

4 ——線④の理由を選びなさい。
ア 互いの友情と信頼を確認できたから。
イ 王を改心させることができたから。
ウ セリヌンティウスの罪が許されたから。
（　　）

5 ——線⑤の理由を説明しなさい。
自分のこれまでの行いが（　　　　　　　　）から。

6 ——線⑥とはどのような考えのことですか。
信実とは（　　　　　　　　）だという考え。

7 よく出る ——線⑦とはどのような仲間ですか。
□□の心で結ばれた仲間。

3 例メロスは帰ってこないのではないか
セリヌンティウスにとっての疑いとは、**メロスが帰ってこないのではないか**ということである。

4 ア
二人とも**一度は裏切りや疑いの心が生まれたが、それを乗り越えた**ことにより**互いの友情と信頼**が確認でき、たたえあい喜んでいるのである。

5 例恥ずかしくなった
ひどい行いをしてきた王が、メロスたちを見て**自分の行いの愚(おろ)かさに気づいた瞬間**である。

6 空虚な妄想
「空虚な妄想」とは「実体のない、むなしい空想」の意。

7 信実
メロスたちは命をかけて約束を守り、王に**信実の存在**を証明した。王はメロスたちのような**信頼で結ばれた仲間**に入りたいと思ったのである。

漢字で書こう！　①びんかん　②ちょうしょう　③よ(う)
答えは右ページ➡

テストに出る！

予想問題

◇ 次の文章を読んで、問題に答えなさい。

解答 p.10

30分

100点

「町を暴君の手から救うのだ。」とメロスは悪びれずに答えた。「おまえがか？」王は、憫笑した。「しかたのないやつじゃ。おまえには、わしの孤独がわからぬ。」「言うな！」とメロスは、いきり立って反駁した。「人の心を疑うのは、最も恥ずべき悪徳だ。王は、民の忠誠をさえ疑っておられる。」「疑うのが、正当の心構えなのだと、わしに教えてくれたのは、おまえたちだ。人の心は、あてにならない。人間は、もともと私欲のかたまりさ。信じては、ならぬ。」暴君は落ち着いてつぶやき、ほっとため息をついた。「わしだって、平和を望んでいるのだが。」「なんのための平和だ。自分の地位を守るためか。」①今度はメロスが嘲笑した。「罪のない人を殺して、なにが平和だ。」「黙れ。」王は、さっと顔を上げて報いた。「口では、どんな清らかなことでも言える。わしには、人のはらわたの奥底が見えすいてならぬ。おまえだって、今に、はりつけになってから、泣いてわびたって聞かぬぞ。」「ああ、王はりこうだ。うぬぼれているがよい。私は、ちゃんと死ぬる覚悟でいるのに。命乞いなど決してしない。ただ、――」と言いかけて、メロスは②足もとに視線を落とし瞬時ためらい、「ただ、私に情けをかけたいつもりなら、処刑までに三日間の日限を与えてください。たった一人の妹に、亭主をもたせてやりたいのです。三日のうちに、私は村で結婚式を挙げさせ、必ず、ここへ

1 ――線①「今度はメロスが嘲笑した。」とありますが、王のどんな様子を受けて、「今度は」と言っているのですか。対になっている一文を、文章中から抜き出しなさい。〔10点〕

2 メロスがどんな信念をもっているかが最もよくわかる一文を、メロスの言葉の中から抜き出しなさい。〔10点〕

3 よく出る 王は人間をどのようなものだと思っていますか。それが最もよく表れている七字の言葉を、文章中から抜き出しなさい。〔12点〕

4 ――線②「足もとに視線を落とし瞬時ためらい」とありますが、このときのメロスの気持ちとして適切なものを次から一つ選び、記号で答えなさい。〔10点〕

ア 誇りのために死ななければならないことを悔やむ気持ち。
イ 自分が死んだあとに一人残される妹を案じる気持ち。
ウ 王が自分の言葉を信じてくれることを願う気持ち。
エ 死に対する恐れをなんとか打ち消そうとする気持ち。

5 やや難 ――線③「とんでもないうそを言うわい。」とありますが、王はメロスのどんな言葉を「とんでもないうそ」だと言ったのですか。文章中から一文で抜き出し、はじめの五字を書きなさい。〔10点〕

漢字を読もう！ ①山賊 ②宣誓 ③妄想
←答えは左ページ

帰ってきます。」

「ばかな。」と暴君は、しわがれた声で低く笑った。「③とんでもないうそを言うわい。逃がした小鳥が帰ってくるというのか。」

「そうです。帰ってくるのです。」メロスは必死で言いはった。「私は約束を守ります。私を、三日間だけ許してください。妹が、私の帰りを待っているのだ。そんなに私を信じられないならば、よろしい、この町にセリヌンティウスという石工（いしく）がいます。私の無二の友人だ。あれを、人質（ひとじち）としてここに置いていこう。私が逃げてしまって、三日めの日暮れまで、ここに帰ってこなかったら、あの友人を絞め殺してください。頼む、そうしてください。」

　それを聞いて王は、残虐な気持ちで、そっとほくそ笑んだ。生意気なことを言うわい。どうせ帰ってこないに決まっている。このうそつきにだまされたふりして、放してやるのもおもしろい。そうして身代わりの男を、三日めに殺してやるのも気味がいい。人は、これだから信じられぬと、わしは悲しい顔して、その身代わりの男を磔刑（たっけい）に処してやるのだ。世の中の、正直者とかいうやつばらにうんと見せつけてやりたいものさ。

「④願いを、聞いた。その身代わりを呼ぶがよい。三日めには日没までに帰ってこい。遅れたら、その身代わりを、きっと殺すぞ。ちょっと遅れてくるがいい。おまえの罪は、永遠に許してやろうぞ。」

「⑤なに、何をおっしゃる。」

「はは。命が大事だったら、遅れてこい。⑥おまえの心は、わかっているぞ。」


〔太宰（だざい）治（おさむ）「走れメロス」による〕

6 ——線④「願いを、聞いた。」とありますが、王が願いを聞き入れたのは、なぜですか。次から一つ選び、記号で答えなさい。〔12点〕

ア　人の心は信じられないが、情けをかけてやろうと思ったから。
イ　人の心が本当に信じられるものかどうか試してみたくなったから。
ウ　人の心が信じられないことを皆に見せつけてやろうと思ったから。
エ　人の心を信じることの正当性を証明しなければならなかったから。

□

7 ——線⑤「なに、何をおっしゃる。」には、メロスのどのような気持ちが表れていますか。次から一つ選び、記号で答えなさい。〔12点〕

ア　王に自分の提案を受け入れてもらえず見下されたことへの悔しさ。
イ　自分のことを信じないばかりか卑劣なことまで考える王への怒り。
ウ　自分のひそかなたくらみが王に見破られてしまったことへの驚き。
エ　思いがけず自分の言うことを理解し受け入れてくれた王への感謝。

□

8 メロスの言葉を聞いた王が心の中で考えている部分を「　」でくくるとしたら、どこからどこまでですか。はじめと終わりの四字を抜き出しなさい。（句読点は字数に含む。）〔12点〕

□□□□ 〜 □□□□

9 よく出る ——線⑥「おまえの心は、わかっているぞ。」とありますが、王はメロスがどうすると考えていますか。簡潔に書きなさい。〔12点〕

□

漢字で書こう！ ①さんぞく　②せんせい　③もうそう
答えは右ページ➡

ポテト・スープが大好きな猫

教科書 p.250～p.255

主題

◇おじいさんが寝ている猫を置いて魚釣りに出た間に、猫がいなくなってしまった。数日後、猫は、魚を捕って帰ってきた。その後、二人はもとの仲良しに戻っていく。

テストに出る！ ココが要点

魚を捕って帰ってきた猫（教 p.253～p.254）➤予想問題

戻ってきた猫の怒りに、おじいさんは気持ちのすれ違いを知る。

●魚釣りに猫を連れて行かなかった。
- おじいさん：ぐあいが悪そう。年をとりすぎ？＝心配
- 猫：自分が魚もねずみも捕らないから？＝怒り

魚くらい捕ることができることを証明する。

テストに出る！ 予想問題

解答 p.11　30分　100点

次の文章を読んで、問題に答えなさい。

そこに猫が待っていました。そして前足で魚を一匹ぎゅっと押さえています。キスして逃がしてやる必要のないくらい大きく育った魚です。

①猫の目は怒りに燃えていました。尻尾は勢いよく振り回され、木の床に当たって、ばたんばたんと強い音を立てています。猫はおじいさんの顔をじっとにらみつけました。

おじいさんは慌てて野球帽を取り、②猫をまじまじと眺めました。それから魚をまじまじと眺めました。それを見て、鳥たちさえしんと静まりかえりました。でも猫はそんなこと気にもとめません。この魚はおじいさんにも触らせるもんか、という険しい顔つきです。

いさんは猫に言いました。おまえは今のおまえのままでいいんだからさ。そして、⑤確かにちょいと痩せっぽちだけどな、とつけ加えました。

猫は知らん顔をしていました。

〔テリー＝ファリッシュ／村上春樹 訳「ポテト・スープが大好きな猫」による〕

1 ——線①「猫の目は怒りに燃えていました。」とありますが、猫は、おじいさんがひとりで魚釣りに出かけた理由をどのように考えていますか。次から一つ選び、記号で答えなさい。〔20点〕

ア ひとりでこっそり大きな魚を釣り、自分を驚かそうとした。
イ 自分よりも先に大きな魚を捕り、優越感に浸ろうとした。
ウ 互いにそれぞれの生活を過ごすためにひとりで出かけた。
エ 自分が魚も捕れない役立たずの猫だから置いていった。

□

2 ——線②「猫をまじまじと眺めました……魚をまじまじと眺めました」とありますが、このときのおじいさんの気持ちはどのようなものだったと考えられますか。次から一つ選び、記号で答えなさい。〔15点〕

ア 猫が帰ってこなかった理由がようやく理解でき、驚く気持ち。
イ 猫が、おじいさんでも釣れない大きな魚を捕って悔しい気持ち。
ウ 本当は魚はあまり好きではないのに、という困った気持ち。
エ 猫がようやく魚を捕る気になったことを、喜ぶ気持ち。

□

漢字を読もう！ ←答えは左ページ　①一緒　②眺める　③淡水

猫はしゃべりません。ただ遠ぼえするような鳴き声をあげるだけです。大きく口を開け、長い間「うぉーん。」と鳴いていました。猫がそのように語る話を、おじいさんは詳しいところまでは、よく聞き取れませんでした。でもおおよそのところ、猫は水に濡(ぬ)れるのは嫌だったけれど、一生懸命泳ぎに泳ぎ、魚を相手になにやかやあった、ということらしいのです。

それがどんなに大変なことだったか、③猫はおじいさんに向かって、いつまでも語り続けました。猫がくたびれて、もう何も話せなくなるまで、おじいさんは猫と一緒にポーチに座っていました。猫の話はずいぶんややこしく、つながり方がよくわかりませんでしたが、それでもおじいさんは、すっかり感心してしまいました。④かわいそうなことをしたと、心が痛みました。

猫は長いこと丁寧に、前足で顔を洗っていました。耳もぴんと立って、すっかり元気そうになりました。これからはどんなにぐあいが悪そうに見えても、おまえを置いてはいかないよ、とおじいさんは猫に約束をしました。魚釣りに一緒に連れていくには、この猫はもう年をとりすぎたんじゃないかと、おじいさんはちょっと考えただけなのです。

「ただうとうとしていただけなのに！」というのが猫の言い分です。冬の朝に、気持ちよく居眠(いねむ)りをしてちゃいけないのかしら？

おじいさんは猫に魚のお礼を言いました。でも猫には、おじいさんに魚をあげたつもりなんて、全然ありません。でもな、おまえ、魚もねずみも、べつに捕(つか)まえなくたっていいんだよ、とおじ

---

3 ――線③「猫はおじいさんに向かって、いつまでも語り続けました」とありますが、おじいさんは猫の話を聞いて、猫がどういうことを語っていると考えましたか。簡潔に書きなさい。〔20点〕

猫が、水に濡れたり、一生懸命泳いだりして、［　　　　］ということを語っていると考えた。

4 やや難 ――線④「かわいそうなことをしたと、心が痛みました。」とありますが、どのようなことが「かわいそう」だったのですか。「親切心」という言葉を使って書きなさい。〔25点〕

［　　　　］

5 よく出る ――線⑤「確かにちょいと痩せっぽちだけどな、とつけ加えました」とありますが、おじいさんがこのような言葉をつけ加えたのはどのような意図からですか。次から一つ選び、記号で答えなさい。〔20点〕

ア 少し太らせて自分の理想の猫に仕立てようと考えている。
イ つい自分の本心を口にしてしまったので照れ隠しをしている。
ウ 魚のお礼を言ったのに無視をされたので仕返しをしている。
エ 猫が気にしていることをわざと言って怒らせようとしている。

［　　］

漢字で書こう！ ①いっしょ ②なが(める) ③たんすい
答えは右ページ→

むさぼり

教科書 p.256～p.261

テストに出る！ココが要点

人間とは複雑な化け物（教 p.258～p.259）▶予想問題

●モンテフェルトロ公の本当の姿はどんなものか。

・ふだん…善き心のもち主・我慢強い温厚な男・欲のない男
・戦いの場…血に渇いたおおかみ・欲のない男ではない
→人間は混沌として始末に負えないもの

主題

◆野がもの命を助けたモンテフェルトロ公を、廷臣は「善き心」のもち主だと言うが、モンテフェルトロ公はそれを否定し、人間とは複雑な化け物だと言う。

テストに出る！ **予想問題** 解答 p.11 30分 100点

次の文章を読んで、問題に答えなさい。


——若君、ご身辺に変わったことは？

重臣の一人があえぎながら言った。私は首を振った。

——いや、べつに。私が歓迎宴に出なかったのは……。

——お出にならなくてよかったのです、と他の重臣が声を震わせて言った。①もしおいでになっていたら……。

——何があったのだね？

——おいとこのマテオ様が……。

——マテオが？　どうした？

——暗殺されました。

——まさか……、と私は一歩後ずさって叫んだ。

——マテオ様は若君の席にお着きになりました。父君が若君の

厚な男だと言っている。だが、私が傭兵隊を率いてイタリア中を走り回っていた頃、人は、私を血に渇いたおおかみだと言ったものだ。私が宮廷でも寡欲を説くので、人々は本来、私が欲のない男だと思っている。だが、そうでないからこそあえてそう説いているのかもしれぬ。」

〔辻 邦生「むさぼり」による〕

1 ——線①「他の重臣が声を震わせて言った」とありますが、このとき、他の重臣はどのような気持ちだったと考えられますか。適切でないものを次から一つ選び、記号で答えなさい。〔10点〕

ア　若君が無事でよかったと、胸をなでおろす気持ち。
イ　大勢の前で人が暗殺されたことを恐ろしく感じる気持ち。
ウ　歓迎宴でマテオが暗殺されて、動転している気持ち。
エ　自分が無事でよかったと、ほっとする気持ち。

□

2 よく出る ——線②「マテオは私の身代わりになった」とは、どういうことですか。文章中の言葉を使って書きなさい。10点×2〔20点〕

マテオは、ⓐ□ためにⓑ□ということ。

3 よく出る ——線③「そこにはぬれた野がもの羽が二枚ほど落ちていたのだ……。」から、どういうことが考えられますか。□にあてはまる言葉を、文章中から抜き出しなさい。10点×2〔20点〕

漢字を読もう！ ①豪勢　②恐縮　③抱く　←答えは左ページ

代わりをなさるようにお言いつけになって……。

――②マテオは私の身代わりになったわけか？

――恐れながら、そのように見受けられました。

重臣たちを帰らせると、私は部屋に戻った。いとこには気の毒だったが、私は、女と一緒にいたために生命を救われたのだ。もし女に会っていなかったら、もし女が私を夢中にさせてくれなかったら、私は、予定どおり歓迎宴に出ていたにちがいないのだ……。」


「で、その女はどうなったのですか。」

好奇心を抑えかねた若い廷臣が尋ねた。

「それが不思議なことに、もう部屋に見あたらないのだ。私はそこら中を捜した。家臣たちを呼んで宮殿中を捜させた。しかしどこにも女の姿は見えなかった。私はがっかりして部屋に戻ってきた。そして女が座っていた長椅子に目をやった。③そこにはぬれた野がもの羽が二枚ほど落ちていたのだ……。」

廷臣たちは目と目を見合わせた。若い廷臣が言った。

「④驚き入ったお話です。わが殿は善き心の他は何ももっておられないのでございますね。」

「そう思われては困る。」モンテフェルトロ公は鼻梁の突き出た鼻に指を当てながら言った。「私が宮廷の礼儀と上品さを重んじるからといって、人間を美徳だけからできていると思っているわけではない。⑤人間とは複雑な化け物なのだ。表面は静かでも、本当は荒れくるった獅子のような男もいる。反対に雄やぎのように怒りっぽくても、内心は気弱な男もいる。人間ほど混沌として始末に負えないものはないのだ。ふだん人々は私のことを我慢強い⑥温

若君と一緒にいて、ⓐ[　　　]に座っていた女はⓑ[　　　]だったのでないかということ。

4 ――線④「驚き入ったお話です。」とありますが、若い廷臣はどういうことに驚いているのですか。次から一つ選び、記号で答えなさい。〔15点〕

ア 警備の厳しい宮廷に野がもが入ってきて、若君の部屋にいた可能性があるということ。
イ 若君と親しく話をしていた女が、目を離しているすきに、どこかに消えうせてしまったということ。
ウ 野がもが、命を助けられた恩返しとして、歓迎宴に行く予定の若君を引きとめて命を助けたということ。
エ 若君が善い心の他は何ももっていなかったため、運よく命が助かったということ。

[　]

5 やや難 ――線⑤「人間とは複雑な化け物なのだ。」とありますが、どういうことですか。文章中の言葉を使ってまとめて書きなさい。〔20点〕

[　　　]

6 ――線⑥「温厚な男」とは反対の内容を表す言葉を、文章中から九字で抜き出しなさい。〔15点〕

[　　　　　　　　　]

漢字で書こう！ ①ごうせい ②きょうしゅく ③だ(く)
答えは右ページ➡

那須与一――「平家物語」より

主題

◆源義経に命じられた那須与一は、平家と源氏の軍勢が見守るなか、海上の平家の舟に立てられた扇を見事に射切って、平家と源氏の双方から称賛を浴びた。

テストに出る！ ココが要点

矢ごろ少し遠かりければ（教 p.263～p.265）▶例題

背後から攻められた平家は屋島の海上に逃れ、陸の源氏と対峙した。義経の命を受けた那須与一は、平家の舟に立てられた扇を射る。

- 与一は、扇を射そんじたら、弓を切り折って**自害する**と念じる。
- 与一がかぶら矢を弓につがえて放つと、矢は長いうなりを立てて見事に扇を**射切った**。
- 沖にいた**平家**は舟端をたたいて感嘆し、陸にいた**源氏**はえびらをたたいて歓声をあげた。

- **係り結び**…係りの助詞「ぞ・なむ・や・か・こそ」があると、文末の形が変わる。
例「七段ばかりはあるらむとこそ見えたりけれ」
- **対句**…対応する表現を並べてリズムを生み、場面を盛り上げる。
例「沖には平家、舟を一面に並べて見物す。陸には源氏、くつばみを並べてこれを見る。」
- **擬声語**…物の音や人の声などを言葉で表し、臨場感をかもしだす。
例「ひやうど」「ひいふつと」

例題 矢ごろ少し遠かりければ

矢ごろ少し遠かりければ、海へ一段ばかりうち入れたれども、ⓐ**なほ**扇のあはひ七段ばかりはあるらむとこそ見えたりけれ。頃は二月十八日の酉の刻ばかりのことなるに、をりふし北風激しくて、磯打つ波も高かりけり。舟は、揺り上げⓑ**揺りすゑ**漂へば、扇も串に定まらずひらめいたり。沖には平家、舟を一面に並べて見物す。陸には源氏、くつばみを並べてこれを見る。ⓒ**いづれも**いづれも①**晴れならずといふことぞなき**。与一目をふさいで、「南無八幡大菩薩、わが国の神明、日光の権現、宇都

1 よく出る 〰〰線ⓐ～ⓒを現代仮名遣いに直し、全て平仮名で書きなさい。

ⓐ（　　　）
ⓑ（　　　）
ⓒ（　　　）

2 ――線①の意味を次から選びなさい。

ア 決して晴れがましい情景とはいえない

答えと解説

1 ⓐなお ⓑゆりすえ ⓒいずれも

ⓐ語頭以外の「は・ひ・ふ・へ・**ほ**」→「わ・い・う・え・**お**」、ⓑ「ゐ・**ゑ**・を」→「い・**え**・お」、ⓒ「ぢ・**づ**」→「じ・**ず**」に直す。

2 ウ

「晴れなら**ず**といふことぞ**なき**」

漢字を読もう！ ①頼もしい ②逃れる ③舞う
←答えは左ページ

宮、那須の湯泉大明神、願はくは、あの扇のまん中射させてたばせたまへ。これを射そんずるものならば、弓切り折り自害して、人に二度面を向かふべからず。いま一度本国へ迎へんとおぼしめさば、②**この矢外させたまふな。**」

と心の内に祈念して、目を見開いたれば、風も少し吹き弱り、③**扇も射よげにぞなつたりける。**

与一、かぶらを取つてつがひ、よつぴいてひやうど放つ。小兵といふぢやう、十二束三伏、弓は強し、浦響くほど長鳴りして、あやまたず扇の要ぎは一寸ばかりおいて、ひいふつとぞ射切つたる。④**かぶらは海へ入りければ、扇は空へぞ上がりける。**しばしは虚空にひらめきけるが、春風に一もみ二もみもまれて、海へさつとぞ散つたりける。夕日のかかやいたるに、みな紅の扇の日出だしたるが、白波の上に漂ひ、浮きぬ沈みぬ揺られければ、沖には平家、舟端をたたいて感じたり、陸には源氏、えびらをたたいてどよめきけり。

〔「那須与一 ――『平家物語』より」による〕

イ あまり晴れがましくない情景である

ウ なんとも晴れがましい情景である

（　　　）

3 ――線②について、もし矢が外れたら、与一はどうするつもりでしたか。

弓を切り折って（　　　）し、二度と人と（　　　）ことはできない。

4 ――線③は、「ぞ」があるために文末の形が変わっています。このようなきまりを何といいますか。

（　　　）

5 よく出る ――線④と同じような対句的な表現を、このあとの文章中から抜き出し、はじめと終わりの三字を書きなさい。（句読点は含めない。）

□□□～□□□

6 与一が見事に扇を射切ったのを見て、平家と源氏はどのように反応しましたか。選びなさい。

ア 平家は悔しがったが、源氏は喜んだ。

イ 平家は感嘆し、源氏はほっと安心した。

ウ 平家も源氏もともに感動した。（　　　）

は、否定を二回用いて「晴れがましい」という意味を強調している。

3 自害・例 顔を合わせる

「弓切り折り**自害して、人に二度面を向かふ**べからず」から読み取る。

4 係り結び

係りの助詞「**ぞ**」があるので、文末が「**ける**」と形が変わり、**強調**している。

5 沖には～きけり

海上にいる平家と陸上にいる源氏の様子を対照的に描いている。

6 ウ

「平家、舟端をたたいて感じたり、陸には源氏、えびらをたたいてどよめきけり」から読み取る。**平家と源氏のどちらも、与一の弓の技に感動している。**

漢字で書こう！ ①たの（もしい）　②のが（れる）　③ま（う）

答えは右ページ➡

教科書 p.268～p.273

見えないチカラとキセキ

主題

◆もともと運動も苦手なうえに目も見えない「私」は、何度もゴールボールをやめようと思う。しかし、コーチや仲間たちに支えられ、自分と本気で向き合う決意をする。

テストに出る！ **ココが要点**

ゴールボールを続けられた理由（教 p.271～p.272）▶**予想問題**

● 一緒にがんばっている仲間と信頼できるコーチの存在。

● 自分と本気で向き合ってみたいという思い。

テストに出る！

予想問題

解答 p.12　30分　100点

次の文章を読んで、問題に答えなさい。

　自分にはセンスがないな。やっぱりやめようかな……。仲間と自分を比べて、そんな思いがふとしたときに頭をよぎります。それでもやめなかったのには理由がありました。

　一つは仲間とコーチの存在です。

　①江黒（えぐろ）先生はここだけの話、怒るととても怖いです。でも、めちゃめちゃ怒るけど、できたところはしっかり褒（ほ）めてくれる。いいところも悪いところもちゃんと見ていてくれる。その安心感が信頼につながっています。

　失敗したとき、先生からよくこんな言葉をもらいました。

「ミスしてもいいよ。何回ミスしてもいいけど、②同じミスはするなよ。」

　たとえミスをしたとしても、なぜミスをしたのかを考え、工夫して再チャレンジすれば、それはミスじゃない。同じミスをしたり、諦（あきら）めたりしたときが本当の失敗だと、先生はわかりやすい言

1 ――線①「江黒先生」とはどのような先生ですか。次から一つ選び、記号で答えなさい。〔10点〕

ア 怒るととても怖くて、近よりがたさが感じられる先生。

イ 「私」の長所をたくさん褒めて自信をもたせてくれる先生。

ウ 「私」がミスをしても、見て見ぬふりをしてくれる先生。

エ 「私」のどんなところもよく見て的確に導いてくれる先生。

2 よく出る ――線②「同じミスはするなよ」とありますが、先生は同じミスをしないためにはどうすればよいと言っていますか。簡潔に書きなさい。〔15点〕

3 ――線③「下を向いていた私」には、「私」のどのような気持ちが表れていますか。次から一つ選び、記号で答えなさい。〔10点〕

ア 先生に怒られないようにがんばろうという気持ち。

イ 失敗することが怖くてやりたくない気持ち。

ウ 失敗する痛みをわかってくれない仲間を恨む気持ち。

エ 目が見えていれば失敗もないはずだと悲しむ気持ち。

葉で励(はげ)ましてくれたのです。

また、仲間は私がコートでミスをすると、「失敗してもいいから思いきってやってみて。理恵(りえ)がミスしたぶんは私がカバーするから。」と声をかけてくれました。「次も失敗したらどうしよう。」と③下を向いていた私は、何度④その言葉に救われたことでしょう。

地味な筋力トレーニングなどをやっているときも、もともと運動が苦手だった私は、「このくらいでやめようかな……。もうキツイし。」などと何度も思うのですが、その隣で歯を食いしばってがんばっている先輩(せんぱい)の姿に、「私も、もうちょっとがんばろう。」と刺激をもらいました。

口先だけで、「がんばれ。」「がんばれ。」と言うことは誰だってできます。でも、先輩や仲間は一緒に考え動いてくれ、⑤私が気づくまで待っていてくれました。

そして、ゴールボールをやめなかったもう一つの理由は、自分と本気で向き合ってみたかったからです。

私は、訓練学校に通い始め、ゴールボールと出会ってから、ちょっとずつではありますが前向きに考えられるようになっていました。でも、やっぱりどこかで〝見えない〟ことを理由に逃げ腰になっているもう一人の自分を感じていました。

私って、このままいつまでも〝見えない〟ことを理由に言いわけ続けるのかな。〝見えない〟ことから一生逃れられないのかな。

そう考えたとき、⑥「このままじゃ嫌だ。」という強い思いが、心の底からわきあがってきたのです。人生って一回しかない。言いわけばかりしている人生なんて……私は嫌だ。

〔浦田(うらた) 理恵(りえ)・竹内(たけうち) 由美(ゆみ)「見えないチカラとキセキ」による〕

4 ――線④「その言葉」とありますが、具体的な内容を文章中から抜き出し、はじめと終わりの五字を書きなさい。〔15点〕

「□□□□□～□□□□□。」

5 ――線⑤「私が気づくまで待っていてくれました」とありますが、「私」が何に気づくのを待っていたのですか。次から一つ選び、記号で答えなさい。〔10点〕

ア 「私」もやれば必ずできるということ。
イ 目が見えないからできないのだということ。
ウ 仲間や先輩と比べて練習量が少ないこと。
エ 誰にだって得意不得意はあるということ。

□

6 よく出る ――線⑥「このまま」というのは、どのような状態ですか。□にあてはまる言葉を、文章中から抜き出しなさい。10点×2〔20点〕

〝見えない〟ことを理由にⓐ□□□□になり、〝見えない〟ことから一生ⓑ□□□□□状態。

7 やや難 「私」がゴールボールをやめなかった理由は二つあります。それぞれ簡潔に書きなさい。10点×2〔20点〕

□

□

漢字で書こう！ ①しょうげき ②かがや(く) ③うで
答えは右ページ➡

水田のしくみを探る

要旨

◆水田は、ただ水をため込んでいるだけのように見えるが、実はさまざまな工夫を凝らして作られており、多くの役目と長所をもっている。

テストに出る！ 予想問題

解答 p.12

15分

100点

次の文章を読んで、問題に答えなさい。

①三つめの長所は、私たちの生活に必要な水資源の確保に役立つことです。

水田に張られた水は、一日に十二ミリメートル程度の速度でゆっくりと地下にしみ込みます。大部分は地下数メートルにある帯水層にたまり、そこから少しずつしみ出して川の水や湧き水となり、②農業用水や生活用水に利用されます。帯水層にしみ込んだ水の四分の一くらいは、更に地下深くにある深層地下水層にたまります。そこまで達するには、約二百年かかるといわれています。③深層地下水層は水の貯金といえるものですから、大切に守り、将来のために増やしていかなければなりません。その意味でも水田のはたらきは大きいといえます。

〔岡崎 稔「水田のしくみを探る」による〕

1 やや難 ——線①「三つめの長所」とは、何ですか。文章中から十二字で抜き出しなさい。〔20点〕

2 よく出る ——線②「農業用水や生活用水に利用されます」とありますが、水田の水が農業用水や生活用水になる過程を説明した次の文の A〜Cにあてはまる言葉を、文章中から抜き出しなさい。20点×3〔60点〕

水田の水はゆっくりと A にしみ込み、地下数メートルの B にたまる。そこからまた少しずつしみ出して C や湧き水となり、農業用水や生活用水に利用される。

A

B

C

3 よく出る ——線③「深層地下水層は水の貯金」とは、どういう意味ですか。次から一つ選び、記号で答えなさい。〔20点〕

ア 深層地下水層は、帯水層からしみ込んできたわずかな水が短期間にたまった貴重なものである。

イ 深層地下水層は、帯水層から長時間かけてしみ込んできた、貴重な水がたまったものである。

ウ 深層地下水層は、川から流れ込んできた貴重な水が長時間かけてたまったものである。

エ 深層地下水層は、川から約二百年かけてしみ込んできた、わずかで貴重な水がたまったものである。

中間・期末の攻略本

解答と解説

取りはずし
使えます！

三省堂版　国語2年

p.2〜p.3 名づけられた葉

1	エ
2	ⓐ 擬人法 ⓑ 倒置
3	ポプラの葉
4	ウ
5	わたしだけの名
6	イ
7	例 困難

解説

2 ⓐは、人間ではない「ポプラの葉」を人間のように「小さな手をひろげ」と表現している。ⓑは、「(わたしは)わたしだけの名で朝に夕に呼ばれる」が普通の語順だが、逆になっている。

4 「わたしも／いちまいの葉にすぎない」とは、「わたし」もポプラの葉と同様に、何千何万のうちのひとつにすぎないということを述べている。

5 ポプラの葉はポプラの葉としか呼ばれないが、「わたしは呼ばれる／わたしだけの名で」という点がポプラの葉と違うと述べている。

6 自分を葉にたとえたうえで、自分なりの「葉脈の走らせ方」などを考えなければならないと述べている。

7 どんな困難があっても精いっぱい生きようという決意が表れている。「障害」「苦しみ」なども可。

最終チェック

表現技法を確認しよう！

第二連は「〜のような」という言葉を使わずに「わたし」を葉にたとえて表現した隠喩が多く使われている。

また倒置は**2**ⓑの他に、第三連の「誰のまねでも……散る法を」→「考えなければならない」、「どんなに風がつよくとも」→「考えなければならない」にも使われている。

p.6〜p.7 セミロングホームルーム

1	ⓐ 例 全然長くない ⓑ 例 虫
2	ⓐ 背中 ⓑ 窓の外
3	③ カ ⑤ イ
4	例 とてもすばやい様子。
5	例 気づいていた
6	例 座りなさい
7	ⓐ ウ ⓑ エ ⓒ ア ⓓ イ

解説

1 ⓐ「全然ロングじゃない」は、ホームルームの時間が全然長くないという意味。「いつも余ってしまう」でも正解。「セミ」は「半分の」という意味。

2 「窓の外をちらっと見る」という先生の動作に着目する。

5 トリノがセミを窓の外に放り投げたあと、瀬尾(せお)くんは、トリノに「ありがとう。」と言っている。ここから、瀬尾くんは、背中にセミが止まっていたことを知っていたとわかる。

6 授業中に立っている生徒に先生は通常何と注意するかを考える。

7 ⓒ「我に返ったように」は、セミを人間に見立てた表現。

最終チェック

心の中の言葉から、登場人物の心情を読み取ろう！

・「がんばれ、トリノ。」…トリノを応援し、成功を祈る気持ち。
・「やりましたよ、黒岩先生。」…難しいことをやりとげた喜び。

p.8～p.9 言葉発見①

1

①	②	③	④	⑤	⑥	⑦	⑧
イ	ア	ウ	イ	イ	ア	ウ	ウ

2

①	②	③	④	⑤	⑥
○	例いらっしゃる	例お読みになる	○	例なさい	○

3

①	例先生が車いすをご利用になる。
②	例先生からいただいた画集を拝見した。
③	例明日、私は家におります。
④	例そのいすにお座りください。

解説

2 ②「参る」は「来る」の謙譲語。尊敬語は「いらっしゃる」になる。「おいでになる」「お見えになる」でも可。③「お読みになる」は「読む」の尊敬語であり、「お読みになられる」は二重敬語である。敬語は重ねすぎても不適切になる。⑤「いたす」は謙譲語。

3 ①特別な言い方のない尊敬語は「お（ご）～になる」「～れる・られる」の形にすればよい。「利用する」は「ご利用になる」。②行為の受け手（先生）に対する敬語として、「もらう」と「見る」をともに謙譲語に直す。③「いる」を謙譲語に直す。④「座ってください」を尊敬語に直し、「お座りください」とする。

最終チェック

複数の意味をもつ敬語に注意！

「いらっしゃる」は「いる・行く・来る」の、「召し上がる」は「食べる・飲む」の尊敬語。「伺う（うかがう）」は「行く・聞く」の謙譲語。複数の意味がある敬語は、文脈を正しく捉えて使う。

p.12～p.13 じゃんけんは、なぜグー・チョキ・パーの三種類なのか

◇

1		ウ
2	ⓐ	三種類
2	ⓑ	他の種類
3		例全ての手が平等に勝ったり、負けたりするという関係であること。
4	ⓐ	例いつまでたっても決着がつかない
4	ⓑ	例成り立たない
5	●	ア
5	●	エ
6	●	例勝ち負けが不公平になること。
6	●	例ピンを出す意味が全くなくなること。
7		ウ

（●は順不同）

解説

◇

3 ――線③の直後に条件の内容が書かれているので、そこに着目する。

4 二種類のじゃんけんでは、必ずどちらかの手が勝つので、勝つほうの手の「あいこばかりで、いつまでたっても決着はつきません」とある。

6 ⑨段落では、手の勝ち負けが不公平になること、⑩段落では、ピンを出す意味が全くなくなることについてそれぞれ説明されているので、ここから内容をまとめる。

7 序論（①②③段落）→本論1（④⑤⑥段落）→本論2（⑦⑧⑨⑩段落）→結論（⑪段落）と分けられる。

最終チェック

論の展開に着目して、全体の構成をとらえよう！

・序論…背景の説明や問題提起を行う。
・本論…提起した問題について、具体的に検証する。
・結論…本論を受けて、問いに対する答えを述べる。

p.16～p.17 人間は他の星に住むことができるのか／言葉発見②

1	1	ⓐ大気　ⓑ宇宙線　ⓒ重力
	2	エ
	3	例形の細長い岩が同じ方向を向いていること。
	4	例太陽から遠く、太陽のエネルギーの量も地球の半分程度で、とても寒い
	5	例地下に眠っている氷を溶かして
	6	では、火星
2		①ア　②イ　③イ

解説

1

1 「大気」「重力」「一日の長さ」を検証している。

3 直前にある「決定的な証拠」の内容を捉える。火星探査機が発見したものがその証拠。文末は「～こと」で結ぶ。

4 直後に理由が記されている。地球に比べ「太陽から遠い」ため太陽のエネルギーの量が少なく、寒いという内容を文に合うようにまとめる。

5 直前に「この氷を溶かして水にすることができたら」とある。「この氷」は、直前の「火星の水は氷として地下に眠っている」を指している。

6 前半は火星に移り住むために必要な大気の有無と重力の程度、一日の長さ、後半は水の有無について検証している。

2

①② 相手に何かを頼むときは、直接的な言い方をせず、願望を述べる言い方にする。

③ 相手の頼みを断るときも、直接的な言い方をせず、おわびと理由を述べるようにする。

最終チェック

内容を整理して理解しよう！

月、金星、水星は、「生きていける環境」が整っていない。火星には可能性があるが、現時点で生命が育まれる条件が揃っているのは地球だけである。

p.20～p.21 短歌の世界／短歌十首

◇		
1		●薔薇の芽の針　●春雨（のふる）
2		その子二十
3		エ
4	ⓐ	例ひと目会いたい
	ⓑ	例故郷
5		イ
6	ⓐ	青
	ⓑ	白
7		ウ
8		ア
9		ア
10		エ

（●は順不同）

解説

◇

3 「その子」とは作者自身を指す。「おごりの春」とは誇りに満ちた青春のこと。

4 作者は「みちのく」へと急いでいる。「みちのく」は母親のいる場所なので作者の故郷と捉えることができる。

6 「空の青海のあをにも染まず」から、空や海の青色の中で白鳥の白色がきわだっていることがわかる。

8 作者が「十五の心」の頃を回想している歌である。

9 「ごとし」は、「～ようだ」という比喩を表す。

10 仕事で顕微鏡をのぞくことの多い作者が、ふとその中に不思議な形を見つけ、想像力をふくらませて楽しんでいる。

最終チェック

表現の特徴を捉えよう！

A「くれなゐの～」…「の」の音を繰り返し用いて、リズム感を生み出している。F「不来方の～」…短歌を三行書きにすることで新鮮さをもたらしている。形式は詩に近く近代的なイメージ。

p.22〜p.23 文法の窓1

1				2						3					4				5		6			
①	②	③	④	①	②	③	④	⑤	⑥	①	②	③	④	⑤	①	②	③	④	●	●	①	②	③	④
優しい・形容（詞）	立派だ・形容動（詞）	帰る・動（詞）	同じだ・形容動（詞）	命令（形）	連用（形）	終止（形）	未然（形）	連体（形）	仮定（形）	オ	ア	エ	ウ	イ	B・エ	A・オ	A・イ	B・ウ	ア	エ	B	C	A	B

（●は順不同）

解説

2 ②「マス」に続いているので連用形。④「ナイ」に続いているので未然形。⑥「バ」に続いているので仮定形。

3 「ない」をつけて判断する。
①「来る」はカ行変格活用。
②「焼かない」で五段活用。
③言い切りの形は「観察する」。「〜する」はサ行変格活用。
④「消えない」で下一段活用。
⑤「着ない」で上一段活用。

4 ①は活用語尾（ごび）が「な」なので連体形。②は形容詞「怖い」が「怖けれバ」と活用しているので仮定形。③は活用語尾が「く」なので連用形。④は言い切る形なので終止形。

5 **ア**は「見て」を補う補助動詞、**エ**は「美しく」を補う補助形容詞。**イ**・**ウ**はそれぞれ本来の意味で使われている。

6 ①④は、別の物にはたらきかける動作なので他動詞。②は「〜することができる」の意味をもつ可能動詞。

最終チェック

➡音便を理解しよう！

五段活用動詞の連用形が「タ」「テ」に続くとき、「書いた」「走って」など活用語尾が変化するものを音便という。

p.26〜p.27 壁に残された伝言

◇								
1	2	3	4			5		6
			(1)ⓐ	(1)ⓑ	(2)	ⓐ	ⓑ	
ア	・伝言が、凹 ●・チョークの（別解 伝言の文字）	例 行方知れずの人の消息を求めて校舎を訪れた多くの人。	例 少し触っただけでも消えてしまう	例 消せなくなる	これは、チ	手間	目立たない	イ→エ→ア→オ→ウ

（●は順不同）

解説

◇

1 「しかし」は逆接、「ところで」は転換（話題を換える）の接続語。「では」は「では……だろうか」の形で問題提起に使われることが多い。

3 二つめの段落の「行方（ゆくえ）知れずの人の消息を求めて多くの人が訪れた（おとず）」を使う。「どのような人」と問われているので「人（人々）」で終わるようにする。

4 (1)チョークが「いくらこすっても消えなかったという経験」として、このあとに述べられている。

5 壁を洗い流して塗り直すときにチョークが残った事情を読み取る。

6 「二つの条件」がどのようにはたらいたかを整理し、事態の進展の順を読み取る。

最終チェック

➡「伝言」が発見されたことの意味。

筆者は、「市内に残る被爆建物が僅（わず）かになり、被爆体験の風化が叫ばれる二十世紀の終わりだったからこそ」と、「伝言」が五十数年という時間を超えて発見されたことの意義を強調している。

p.30〜p.31 一〇〇年後の水を守る／言葉発見③

1						2				
1	2	3	4	5 (1)	5 (2)	①	②	③	④	⑤
・歯磨き ・食べきれる	屋根に降った雨	緑のダム	例水問題に苦しむ国や地域に貢献すること。	例世界の問題であり、将来を見据えて長期的に捉えるべき課題である。	●例自然の摂理の中で、身近な水を大切に使う生活。 ●例一〇〇年後、一〇〇年後の水を育む生活。	カ	ウ	オ	キ	ク

（●は順不同）

解説

1

1 各家庭で使う水や、食べ物を作るときに使う「バーチャルウォーター」を減らすことが「節水」になる。

2 「雨を貴重な水資源と捉え」、住宅の屋根に降った雨水をためて利用するという方法があげられている。

3 森林は「雨を受け止め、土壌に染み込ませ、……地下水として蓄える」機能がある。

5 (1) 「水問題」は「地域の問題」「現代の課題」であると同時に、「世界の問題」「将来を見据えて長期的に捉えるべき課題」である。

(2) 最後の文に筆者の考えが述べられている。

2 上位語は、ある観点で集めた言葉をまとめる言葉。下位語はその中に含まれる言葉。

最終チェック

➡接続する語句に着目して、文章の構成を捉えよう！

・段落のはじめにある接続する語句に着目すると、段落の内容や文章の展開を捉えやすくなる。

…この文章では、「まず」「次に」「また」

p.32〜p.33 枕草子（まくらのそうし）・徒然草（つれづれぐさ）（枕草子）

◇								
1 ㋐	1 ㋑	2 ⓐ	2 ⓑ	3	4	5 A	5 B	5 C
ようよう	なお	ア	イ	あけぼの	ウ	例寒さ	灰	例多く

解説

◇

1 ㋐「やう（ア段＋う）」→「よう（オ段＋う）」。㋑語頭以外の「ほ」→「お」。

2 ⓐ現代語の「気の毒だ」という意味とは異なるので注意する。

3 「春はあけぼの」とある。「あけぼの」は「明け方」という意味。

4 「さらなり」とは「いうまでもない」という意味。直前の「夏は夜（＝夏は夜が趣がある）」を受けて、「月の頃はいうまでもなく趣がある」と続いている。

5 A「ぬるくゆるびもていけば」は、「寒さがしだいにゆるんで暖かくなっていくと」という意味。B・C「白き灰がちになりて」は、「白い灰ばかりになって」という意味。なお、「わろし」は、ここでは「よくない。趣がない」といった意味である。

最終チェック

➡「枕草子」において美的感覚を表している言葉をおさえる！

「をかし」や「あはれ」などの現代語とは意味が異なる言葉や、「わろし」や「つきづきし」といった現代では使われていない言葉は、意味を正しくおさえておくとよい。

◇

1			2		3	4	5	6
ⓐ	ⓑ	ⓒ	A	B				
ウ	ア	イ	石清水	極楽寺・高良など	係り結び	ア	例 石清水八幡宮に参拝することが本来の目的だと思ったから。	エ

解説

◇

2 「極楽寺・高良などを拝みて」の内容を捉える。石清水参拝が目的で、極楽寺・高良などを参拝して満足したということは、ここを石清水八幡宮と思いこんでいたことがわかる。

3 「こそ」があるため、本来文末が「けり」となるところが「けれ」と変化している。

4 「ゆかし」は、「見たい・聞きたい・知りたい」など、好奇心がはたらく様子を表す。
「〜ど」は、現代語の「〜けれども」と同じ逆接の意味。

5 本文の「神へ参るこそ本意なれと思ひて」の部分が「山までは見ず」の理由となる。
ここの「神」は石清水八幡宮のこと。また、「本意」は読み方に注意する。

6 「あらまほし」は「あってほしい」という願望を表す言葉。

最終チェック

「仁和寺にある法師」の人物像を読み取る！

「神へ参るこそ本意なれと思ひて、山までは見ず」という言葉から、生真面目で、融通がきかない人柄だと読み取ることができる。

1

1		2		3	4	5		6
ⓐ	ⓑ	①	②			(1)	(2)	
まさのう	よわい	大将軍（殿）	熊谷（直実）	わが子の小〜なりければ	イ	ぞ	ウ	弓矢取る身

2

1	2	3
ウ	エ	●おごれる人も久しからず ●たけき者もつひには滅びぬ

（●は順不同）

解説

1

3 まだ若い敦盛の顔を間近に見た直実は、自分の子を思い出し、ためらいを感じたのである。

4 直実に対して名のらないのは、自分に比べて直実の身分があまりに低いからで、そこに平家の大将軍としての誇りが表れている。また、「首を取つて人に問へ」という言葉には、死を覚悟したいさぎよさが感じられる。

6 「かかる憂きめ」とは、「このようなつらいめ」という意味。「弓矢取る身」とは「武士」のこと。

2

2 このような考え方を「無常観」と呼ぶ。

最終チェック

直実の心境の変化をおさえよう！

①敦盛（大将軍）と出会う→武士としての功名心
②息子と同年代の美青年と知る→武士より父親の心境（助けたい）
③すでに助けられない状況→武士として泣く泣く討つ
④敦盛の死後→武士であることへの疑問→出家を考える

漢詩の世界／漢詩の形式／漢字のしくみ1

1

1	五言絶句
2	例春の眠りは（心地よいため、）夜が明けたのも気づかない。
3	ウ
4	別れを恨んでは鳥にも心を驚かす
5	イ
6	然・年
7	④山　⑤花
8	イ
9	エ

2

①●イ・エ　②●ア・カ　③●ウ・オ

3

①つゆ　②みやげ

（●は順不同）

解説

1

1 四句なので絶句。

3 第三句「夜来風雨の声」がしたため、花がたくさん散ったと思ったのである。

5 第四句は「別れを悲しみ、鳥にも心を乱される」という意味で、鳥は慰めではない。

6 五言詩なので、偶数句の末尾が押韻となる。

8 「看又過ぐ」は「見る間に過ぎてゆく」という意味で、時の過ぎる速さを嘆いている。

9 結句に着目。「いつになったら故郷に帰れるのか」という、望郷の念の表れである。

2 ①は、あとの漢字が前の漢字の目的・対象。②は、反対の意味の漢字。③は、似た意味の漢字。

最終チェック

返り点の読み方を覚えよう！

レ点…一字だけ上の字に返る。　例 ②読ム（レ）①書ヲ →書を読む

一・二点…二字以上離れた上の字に返る。　例 ③在リ（二）①目 ②前（一）ニ →目前に在り

自立とは「依存先を増やすこと」

◇

1	ウ
2	お風呂に入れて・トイレの介助
3	ⓐ例たくさんの人が助けてくれた　ⓑ例人や社会に関心をもつようになった
4	ⓐ親　ⓑ友達や社会
5	例依存しなくなることではなく、依存先を増やしていくことである。
6	エ

解説

◇

2 筆者が東京で一人暮らしをして人に助けられた経験を、具体的に読み取る。

3 「こうした経験」は、直前の「たくさんの人が助けてくれ」たことを指している。この経験から、「人や社会に関心をもつように」なり、人や社会と関係のある医学の道を志すようになったのである。

5 「自立」とは「依存しなくなることだ」という通念を否定し、「依存先を増やしていくこと」だと主張している。

6 最後の段落から筆者の考えを読み取る。他者や社会に「立ち向かい、その中に頼れる場所を開拓していく」→「皆さんを支えてくれるものへと変わっていく」と述べられている。

最終チェック

筆者の意見や考えを表す言葉に着目しよう！

・「でも、そうではありません。」…一般的な考え方を否定し、次に自分の意見を述べようとしている。

・「～だと、私は思います。」…自分の意見を明示している。

p.46～p.47 文法の窓2

1		2			3	4	5		
① 楽しかったのでしょうか	② 来ていましたよ	① ア	⑤ ア		① エ	● ア	① エ	⑥ キ	⑪ シ
		② ウ	⑥ イ		② ウ	● エ	② ウ	⑦ コ	⑫ カ
		③ ア	⑦ エ		③ イ		③ イ	⑧ ク	
		④ イ	⑧ ウ		④ ア		④ オ	⑨ ケ	
							⑤ ア	⑩ サ	

（●は順不同）

解説

1 ①「です」、②「ます」は、次の言葉につなげるために形を変える（活用させる）。

2 ③の「から」は、体言についているので格助詞。④の「から」は、活用語についているので接続助詞。⑤・⑥も同じように見分ければよい。

3 ③は、「僕の」＝「僕のもの」と、体言を補うことができる。④は、「が」で言いかえられる。

4 ア・エの「ない」は、「ぬ」で言いかえられる。

5 ④は人を花にたとえている。このように、異なるものを「ようだ」で結びつけているのは「たとえ」。⑤は、小さな動物の例としてリスをあげている「例示」。

最終チェック

助動詞「た（だ）」の見分け方。
・昨日、雨が降った。…過ぎ去ったことを表す。―過去
・今はもう家に着いただろう。…終了したことを表す。―完了
・庭に咲いた花を眺める。…ある状態が続いていることを表す。「ている」「でいる」で言いかえられる。―存続

p.48～p.49 文法のまとめ

1				2		3		4
(1) ① 帽子	(1) ② 赤色	(2) ① 難しい顔	(2) ② 妹	① 母は涙を流して、故郷を去ろうとする兄を見送った。	② 母は、涙を流して故郷を去ろうとする兄を見送った。	① 例 私は、金魚はかわいいと	② 例 先生になることです	① ウ ② ア ③ イ ④ ア

解説

1 (1)「赤色の帽子」と「服」か、赤色の「帽子と服」かの二通りの意味に取れる。

2 「母は涙を流して」で一つのまとまりにするか、「涙を流して故郷を去ろうとする兄」で一つのまとまりにするかを、読点によって明確にする。

3 主語と述語が照応していないと、文意が伝わらない。①はまず述語をおさえ、その述語に対する主語を考えればよい。②は主語をおさえ、それに対する述語を考える。

4 ①は二つの単文が対等な関係でつながっているので重文。③は「私は・聞いた」という主述の関係の中に、「サイレンが・鳴っている」というもう一つの主述の関係が入っているので複文。②は「ライオンが・寝ている」、④は「弟は・買ってもらった」という主述の関係をもつ単文。

最終チェック

主語と述語を確認しよう！
文意が通じるかどうかは、まず主語と述語の照応を確認する。文の種類は主語と述語の関係で決まる。

p.50～p.51 大阿蘇／言葉発見④

1						2		3
1	2	3	4	5	6	①	③	①
●イ ●エ ●キ	(1) 反復 (2) ウ	ア	●噴煙（煙） ●雨雲	もしも百年	ウ	例希望	直接	ウ
						②	④	② エ ③ ア ④ イ
						例用意	供給	

（●は順不同）

解説

1

1 目の前に広がる風景の描写を中心とした叙景詩。

2 (1)「馬は草をたべている」や「雨は降っている」などが繰り返されている。(2)「ている」は動作や状態が継続することを表す。この表現の繰り返しによって、目の前に広がる情景が永遠に続いていくような印象を与えている。

5 風景を中心に描いているこの詩の中で、「もしも百年が……不思議もないだろう」では、作者の思いを直接表現している。

6 作者の思いが表れている一文から考える。百年が一瞬で過ぎ去ることはあり得ないが、そのようなことが起きても不思議ではないと思えるほどに、目の前の景色の雄大さと不変性に感動している。

2 ①は他に、欲求・志望など、②は支度などでもよい。

3 ③は実際の道路。④は道順などの意味の経路。

最終チェック

作者の視線の変化をおさえる！

まず馬の群れに着目し、次に煙をあげる山、雨雲へと視線が移り、再び馬へと視線が戻ってゆく。そこで自然の雄大さと、草を食べる馬の生命の営みの調和を見てから、自己の心情を述べている。最後に、大景（雨にぬれる風景全体）を見ている。

p.54～p.55 小さな手袋

◇							
1	2		3	4	5		6	7
赤と緑の毛糸で編んだミトンのかわいい手袋	(1) 不自由な手	(2) ウ	ア	例おばあさんに会わないでいたことをあやまり、手袋について感謝の気持ちを伝えたい。	ⓐ 例急にぼけが激しくなった	ⓑ 例誰なのかわからない	例もう昔の大連へ帰ってしまった	イ

解説

◇

2 (1)おばあさんは手が不自由なので、編むのに時間がかかったのである。(2)手袋はおばあさんと会っていた頃のシホに合う大きさだった。

4 おばあさんの大きな愛情に対して感謝するとともに、長い間、その愛に応えずにいたことをあやまりたいという気持ちが想像される。

5 直後で、修道女がその理由を話している。

6 修道女は、「宮下さんは、もう大連へ帰ってしまったんですよ。昔の大連にね。」と言っている。

7 雑木林は、かつてシホとおばあさんが心を通わせた場所である。

最終チェック

手袋を見たあとのシホの気持ちを整理しよう！

おばあさんの愛情に気づいたシホの気持ちは次のように整理できる。①感謝。②会わずにいたことに対する後悔。③あやまりたい気持ち。④今となってはおばあさんとの思い出を大切にしたい気持ち。④は雑木林に寄りたいという言葉から読み取れる。

p.58～p.59 動物園でできること／漢字のしくみ2

1

1	2	3	4	5
エ	ウ	ⓐ 立派な角 ⓑ メス	例農林業被害や衝突事故で問題になっている害獣だから。	(1) 例エゾシカは珍しくないが、ジャイアントパンダは珍しい点。 (2) 例どちらも地球上の生物の豊かさを構成する一員である点。

2

①	②	③
ア・ウ	オ・カ	イ・エ

3

	①	②
(1)	機械	機会
(2)	回想	改装

解説

1 **1・2** 「かわいい」はペンギンの姿やしぐさを褒めているに過ぎない。筆者は、野生動物のたくましさなども来場者に知ってほしいと思っているのである。

4 エゾシカが人間に被害を与え、「害獣」と呼ばれている点を捉える。

5 最後の段落に着目する。(1)「見飽きた」を手がかりに、珍しさの違いをまとめる。(2)後ろから三行めの「けれども」に続く言葉をまとめる。

2 **イ**は訓読み＋訓読み、**エ**は音読み＋音読み。

3 (2)①「回想」は過去を思い出すこと、②「改装」は建物の内部や外の構えを直すこと。

最終チェック

➡動物園には四つの役割がある！

「レクリエーションの場の提供」「野生動物の保護」「野生動物についての調査や研究」「野生動物や自然環境について学ぶ場の提供」。筆者は、動物園での学びが、人間と野生動物がともに幸せに生きる道をひらく力になると信じている。

p.62～p.63 走れメロス

◇

1	2	3	4	5	6	7	8	9
王は、憫笑した。	人の心を疑うのは、最も恥ずべき悪徳だ。	私欲のかたまり	イ	三日のうち	ウ	イ	生意気な～ものさ。	例自分が助かるために、わざと約束の時より遅れてくる。

解説

◇ **1** 「憫笑した」―「嘲笑した」で対になっている。

3 人間を「私欲のかたまり」と考えているから、王は人の心を信じられないのである。

5 直後にある「逃がした小鳥が帰ってくるというのか。」の「逃がした小鳥」は、メロスをたとえている。王は、メロスが帰ってこないと考えている。

6 直前の、「世の中の、正直者とかいうやつばらにうんと見せつけてやりたいものさ。」から考える。

9 人間を私欲のかたまりと考えている王は、メロスが約束を守るはずがないと思っている。

最終チェック

➡メロスが見た「悪い夢」に着目しよう！

懸命に走り続けたメロスも、あまりの困難に一度はあきらめそうになる。「どうでもいい」(やけ)、「私だから、できたのだよ」(自己弁護)、「やんぬるかな」(あきらめ)など、揺れ動く心情に注意する。

p.64～p.65 ポテト・スープが大好きな猫

1	2	3	4	5
エ	ア	例 魚を捕るのはとても大変だった	例 休ませてあげようという親切心から猫を置いていったのに、かえってつらい思いをさせてしまったこと。	イ

解説

1 猫は自分が魚を捕れないから置いていかれたと考え、魚を捕れることを証明しようとしたのである。

2 猫が大きな魚を捕ってきたことから、帰ってこなかった理由がわかったのである。

3 おじいさんは、猫が鳴くのを聞いて、おおよそのところ、猫が「魚を相手になにやかやあった」「それがどんなに大変なことだったか」と語っていると考えた。

4 おじいさんが猫を魚釣りに連れて行かなかったのは、猫が「ぐあいが悪そう」なのを心配したからである。それが逆に、猫に無理をさせる結果となったことをまとめればよい。

5 おじいさんは、猫に「今のおまえのままでいい」と言って、ありのままの猫を認めている。皮肉っぽいことをつけ加えているのは、照れ隠しである。

最終チェック

表現から心情を読み取る！

ここでは、おじいさんと猫が互いのことをどう思っているのかは直接的な言葉では書かれていない。このような場合は、心の中の言葉や行動、いつもとは違う様子などから登場人物の心情を読み取る。

p.66～p.67 むさぼり

1	2 ⓐ	2 ⓑ	3 ⓐ	3 ⓑ	4	5	6
エ	例 若君の席に着いた	例 暗殺された	長椅子	野がも	ウ	例 表面と内心の性質が反対の人間もいて、人間ほど混沌として始末に負えないものはないということ。	血に渇いたおおかみ

解説

2 「暗殺されました」「マテオ様は若君の席にお着きになりました」という重臣の言葉から読み取る。

3 長椅子に「ぬれた野がもの羽が二枚ほど落ちていた」ことと、女が姿を消したことから、女は野がもの化身だったのではないかと考えられる。

4 若い廷臣の「わが殿は善き心の他は何ももっておられない」という言葉は、若君が野がもの命を助けたことを指している。

5 このあとにモンテフェルトロ公が話した内容から、「複雑な化け物」とは、人間の表面に見られる様子と内心の性質が反対であること、人間は混沌としたものであることを言っているとわかる。

最終チェック

「むさぼり」という題の意味を考えよう！

・「乏しい食糧を兵隊に分けて」…表面の姿。他人の見方。
・「私はただ一人で肉でも魚でもむさぼり食べていた」…モンテフェルトロ公の本当の姿。内心にある欲。

p.70～p.71 見えないチカラとキセキ

◇

1	2	3	4	5	6 ⓐ	6 ⓑ	7
エ	例ミスの理由を考え、工夫して再チャレンジすればよい。	イ	失敗しても ～ ーするから	ア	逃げ腰	逃れられない	例仲間とコーチの存在があったから。 例自分と本気で向き合ってみたかったから。

解説

◇

2 江黒（えぐろ）先生の言葉の説明から、ミスに対する心がまえを読み取る。

3 直前の「次も失敗したらどうしよう。」という言葉から、「私」の不安で後ろ向きな気持ちを読み取る。

5 先輩や仲間は口先だけで「がんばれ。」と言うかわりに一緒に考え動いてくれている。これは、「私」ができるように励（はげ）ましサポートをしているのであり、「私」もやればきっとできるはずだと信じているのである。

6 「でも、やっぱり……逃れられないのかな。」までがそのときの自分の気持ちを表している。ここから適切な言葉を抜き出す。

7 一つ目の理由は4行目に、二つ目の理由は後ろから11行目「もう一つの理由は」に続いて述べられている。

最終チェック

「私」を奮い立たせたものを具体的に捉える！

・先生や一緒に考え動いてくれる仲間の存在。

・言いわけばかりの人生は嫌だという気持ち。

p.72 水田のしくみを探（さぐ）る

◇

1	2 A	2 B	2 C	3
水資源の確保に役立つこと	地下	帯水層	川の水	イ

解説

◇

1 はじめの段落から抜き出す。

2 「水田に張られた水」が地下にしみ込んでいく様子が書かれている箇所に着目する。

3 「深層地下水層」にたまった水は、帯水層の四分の一ほどの水が約二百年かけて到達したものである。そのため深層地下水層は、貴重な水が時間をかけてたまったものという意味で、「貯金」と表現されているのである。

最終チェック

水田に集まっている知恵を捉える！

水田に水をためるしくみにはさまざまな工夫が凝（こ）らされていて、連作障害を防ぐ効果や災害を防ぐ効果があり、水資源の確保などにも役立っている。

慣用句

体に関係のある慣用句

〈頭〉

- □ **頭が上がらない**＝対等になれず、相手に屈服している。
- □ **頭を抱える**＝困ってしまい、考え込む。

〈顔〉

- □ **顔が売れる**＝広く世間に知られる。
- □ **顔が利く**＝権力や信用があって無理が利く。
- □ **顔から火が出る**＝恥ずかしくて赤面する。
- □ **顔に泥をぬる**＝恥をかかせる。
- □ **顔色を伺う**＝人の機嫌を見てとる。

〈目〉

- □ **目が高い**＝物事を見分ける力がある。
- □ **目がない**＝判断力がない。非常に好む。
- □ **目に余る**＝黙って見ていられない。
- □ **目に物見せる**＝思い知らせる。
- □ **目の上のたんこぶ**＝邪魔なもののたとえ。
- □ **目をかける**＝ひいきにする。

〈鼻〉

- □ **鼻が高い**＝誇らしい気持ちである。
- □ **鼻を折る**＝得意になっている人の面目を失わせる。
- □ **鼻につく**＝飽きて、嫌になる。

〈耳〉

- □ **耳が早い**＝物事を早く聞き知っている。
- □ **耳を傾ける**＝注意して熱心に聞く。
- □ **耳をそろえる**＝金額の全部をとりそろえる。

〈口〉

- □ **口が重い**＝無口である。
- □ **口を利く**＝紹介する。
- □ **口を滑らす**＝うっかりしゃべってしまう。
- □ **口を割る**＝隠していたことを白状する。

〈首〉

- □ **首になる**＝職を辞めさせられる。
- □ **首が回らない**＝やりくりがつかない。
- □ **首を長くする**＝今か今かと待ちわびる。

〈肩〉

- □ **肩の荷が下りる**＝重い責任から解放される。
- □ **肩を落とす**＝がっかりする。
- □ **肩を並べる**＝対等の地位に立つ。
- □ **肩を持つ**＝味方になる。

〈胸〉

- □ **胸がつぶれる**＝ひどく心配する。
- □ **胸を打つ**＝心に強く訴える。

〈腹〉

- □ **腹が据わる**＝覚悟が決まって落ち着く。
- □ **腹を抱える**＝おかしくて大笑いする。
- □ **腹を探る**＝相手の考えを知ろうとする。
- □ **腹を割る**＝思いをすべて打ち明ける。

〈手〉

- □ **手がかかる**＝世話が焼ける。
- □ **手を抜く**＝いいかげんにやる。
- □ **手を焼く**＝持て余す。
- □ **手をわずらわす**＝人に世話をかける。

〈足〉

- □ **揚げ足を取る**＝相手の言い損ないをとがめて、なじったりからかったりする。
- □ **足がつく**＝逃げた者の行方がわかる。
- □ **足が出る**＝予定を超えて赤字になる。
- □ **足を洗う**＝良くない仕事から離れる。

その他の慣用句

- □ **油を売る**＝仕事の途中で怠ける。
- □ **板につく**＝職業や立場などがしっくり合う。
- □ **取りつく島がない**＝頼るところがなく、どうしようもない。
- □ **虫が知らせる**＝予感がする。
- □ **機が熟する**＝あることをするのにちょうどよい時機になる。
- □ **猫をかぶる**＝おとなしそうに見せかける。
- □ **横車を押す**＝無理を通す。
- □ **水に流す**＝過去のごたごたをなかったことにして、こだわらない。
- □ **馬が合う**＝意気投合する。
- □ **くぎを刺す**＝間違いのないように念を押す。

6 5 4
D C B A

中間・期末の攻略本

テストに出る！

5分間攻略ブック

三省堂版

国語
2年

教科書の漢字をすべて出題

国語の重要ポイント総まとめ
<文法・古典など>

テスト前に最後のチェック！
休み時間にも使えるよ♪

「5分間攻略ブック」は取りはずして使用できます。

★は新出漢字の教科書本文外の読み方です。

セミロングホームルーム　教 p.20~p.29

☑① ミョウな音がする。	①妙
☑② へびのヌケガラ。	②抜け殻
☑③ シンケンに取り組む。	③真剣
☑④ 彼の芸でダイバクショウした。	④大爆笑
☑⑤ ガッキュウヘイサのため休む。	⑤学級閉鎖
☑⑥★ クサリにつながれた犬。	⑥鎖

漢字を身につけよう１　教 p.38

☑① 発表会を明日にヒカエル。	①控える
☑② オクビョウな動物。	②臆病
☑③ 難病をコクフクする。	③克服
☑④ 日々のタンレンを怠（おこた）らない。	④鍛錬〈鍛練〉
☑⑤ クブクリン確かだ。	⑤九分九厘
☑⑥ 一時間のキュウケイを取る。	⑥休憩
☑⑦ 車のブレーキをフム。	⑦踏む
☑⑧ ネンザが治る。	⑧捻挫
☑⑨ 傷がチユする。	⑨治癒
☑⑩ 姿勢をキョウセイする。	⑩矯正
☑⑪ 海外で暮らすシンセキがいる。	⑪親戚
☑⑫ ジュウ滞（たい）が解消される。	⑫渋
☑⑬ カイタクして作られた町。	⑬開拓
☑⑭ 桜のナエギを植える。	⑭苗木
☑⑮ アイゾメの小物入れをもらう。	⑮藍染め〈藍染〉
☑⑯ キンチャクに財布（さいふ）を入れる。	⑯巾着
☑⑰ 年代物のカイチュウドケイ。	⑰懐中時計
☑⑱ 画家のカイコテンを見に行く。	⑱回顧展
☑⑲ 部屋のソウジをする。	⑲掃除
☑⑳ 作業をヘイコウして行う職人。	⑳並行
☑㉑ ウツワを手に取る。	㉑器
☑㉒ コロモを付けて野菜を揚（あ）げる。	㉒衣
☑㉓ 時間を無駄にツイヤス。	㉓費やす
☑㉔ 札入れとコゼニ入れを使う。	㉔小銭
☑㉕ 二国間のチュウサイに入る。	㉕仲裁
☑㉖★ 健康のために体をキタエル。	㉖鍛える
☑㉗★ イコイのひとときを過ごす。	㉗憩い
☑㉘★ 栗（くり）のシブカワをむく。	㉘渋皮

じゃんけんは，なぜグー・チョキ・パーの三種類なのか　教 p.40~p.43

☑① あらゆる可能性をサグル。	①探る

人間は他(ほか)の星に住むことができるのか　教 p.44~p.51

☑① キセキを起こした聖者。	①奇跡
☑② 豊かな才能にメグマレル。	②恵まれる
☑③ カンキョウオセンを防ぐ。	③環境汚染
☑④ 深刻化するショクリョウ危機。	④食糧
☑⑤ フンカの時期を予測する。	⑤噴火
☑⑥ 山頂にトウタツする。	⑥到達
☑⑦ ユイイツの弱点を突かれる。	⑦唯一
☑⑧ 顔がよく似たシマイ。	⑧姉妹
☑⑨ すだれで日差しをヤワラゲル。	⑨和らげる
☑⑩ 満開の花に気持ちがナゴム。	⑩和む
☑⑪ 私がエイキョウを受けた本。	⑪影響
☑⑫ モデルをサツエイする。	⑫撮影
☑⑬ 海底のタイセキブツ。	⑬堆積物
☑⑭ コウズイから身を守る。	⑭洪水
☑⑮ エイキュウトウドが形成される。	⑮永久凍土
☑⑯ 庭の草花が雪にウマル。	⑯埋まる
☑⑰ 海底に貴重な資源がネムル。	⑰眠る
☑⑱ 塩を水にトカス。	⑱溶かす
☑⑲ 願いを胸にヒメル。	⑲秘める
☑⑳★ 道に長いカゲができる。	⑳影
☑㉑★ 心にヒビク歌声に酔(よ)いしれる。	㉑響く
☑㉒★ 背筋がコオルような怖い話。	㉒凍る
☑㉓★ スイミン不足の日が続く。	㉓睡眠

漢字を身につけよう２　教 p.58

☑① 要件にガイトウする。	①該当
☑② ケイヤクに違反する。	②契約
☑③ 新しいセンプウキを買う。	③扇風機
☑④ 食費をケンヤクする。	④倹約
☑⑤ ひときわ明るいコウセイが光る。	⑤恒星
☑⑥ あまりにカコクな仕打ちだ。	⑥苛酷〈過酷〉
☑⑦ 太ももの筋肉がリュウキする。	⑦隆起
☑⑧ 決めるのはジキショウソウだ。	⑧時期尚早
☑⑨ 会社のチュウスウをになう。	⑨中枢

★は新出漢字の教科書本文外の読み方です。

☐⑩ 見る者のモウテンをついた手品。	⑩盲点
☐⑪ 不要なデータをサクジョする。	⑪削除
☐⑫ 粗品（そしな）がシンテイされる。	⑫進呈
☐⑬ 野球のホシュ。	⑬捕手
☐⑭ サケブ声が聞こえる。	⑭叫ぶ
☐⑮ 作物がよく育つヒヨクな大地。	⑮肥沃
☐⑯ ほうれん草のオヒタシ。	⑯お浸し
☐⑰ カジョウな反応を示す。	⑰過剰
☐⑱ 深夜のゲリに苦しむ。	⑱下痢
☐⑲ 風邪（かぜ）のショウジョウが出る。	⑲症状
☐⑳ ムロマチ時代の建造物。	⑳室町
☐㉑ サドウの作法を学ぶ。	㉑茶道
☐㉒ 日本舞踊のソウケを継ぐ。	㉒宗家
☐㉓ 大きなクラのある屋敷（やしき）。	㉓蔵
☐㉔ 鐘（かね）がオゴソカに鳴り響く。	㉔厳か
☐㉕ 誰もが知っているワラベウタ。	㉕童歌
☐㉖ ジヨウのある食べ物をとる。	㉖滋養
☐㉗★ カッターで鉛筆をケズル。	㉗削る
☐㉘★ お化け屋敷（やしき）でゼッキョウする。	㉘絶叫

短歌の世界／短歌十首　教 p.60~p.68

☐① コイする気持ちを日記につづる。	①恋
☐② トウコウランに掲載される。	②投稿欄
☐③ メズラシイ物を見つける。	③珍しい
☐④ 芸をミガク。	④磨く
☐⑤ マホウ使いのイラストを描く。	⑤魔法
☐⑥ 試合のジョウキョウを記録する。	⑥状況
☐⑦ 対象者をシボル。	⑦絞る
☐⑧ クリカエシ練習する。	⑧繰り返し
☐⑨ ご来場のミナさんに挨拶する。	⑨皆
☐⑩★ 山海のチンミをいただく。	⑩珍味
☐⑪★ 再発の可能性はカイムに等しい。	⑪皆無

壁に残された伝言　教 p.76~p.83

☐① 天国とジゴク。	①地獄
☐② ヒバクシャの貴重な体験談。	②被爆者
☐③ 古い外壁がハガレオチル。	③剝がれ落ちる
☐④ 家のタテカエをする。	④建て替え

☐⑤ 学生がリョウナイで生活する。	⑤寮内
☐⑥ コンセキをたどる。	⑥痕跡
☐⑦ 条件がイッチする。	⑦一致
☐⑧ ろうそくのホノオが揺らめく。	⑧炎
☐⑨ 雑草がヤキハラワレル。	⑨焼き払われる
☐⑩ 軒先(のきさき)でアメツユをしのぐ。	⑩雨露
☐⑪ ロウカを掃除する。	⑪廊下
☐⑫ リュウサンの扱いに注意する。	⑫硫酸
☐⑬★ 見回りの役割をコウタイする。	⑬交替〈交代〉
☐⑭★ 患部のエン症をしずめる。	⑭炎
☐⑮★ ロコツな態度をとる。	⑮露骨

漢字を身につけよう3　教 p.86

☐① ハロウケイホウが出る。	①波浪警報
☐② 自治体のヒナンカンコクに従う。	②避難勧告
☐③ ワンキョクした道路を走る。	③湾曲
☐④ 草原をシッソウする馬。	④疾走
☐⑤ 学級委員にスイセンされる。	⑤推薦
☐⑥ キソ体力を強化する。	⑥基礎
☐⑦ 緊張で気持ちがイシュクする。	⑦萎縮〈委縮〉
☐⑧ ハゲマシの言葉をかけられる。	⑧励まし
☐⑨ ソウダイな夢を抱く。	⑨壮大
☐⑩ ジョクンを受けた名俳優。	⑩叙勲
☐⑪ 学級メイボが配られる。	⑪名簿
☐⑫ ワイロの受け取りを拒否する。	⑫賄賂
☐⑬ プレゼントをオクル。	⑬贈る〈送る〉
☐⑭ 前とのカンカクを広く開ける。	⑭間隔
☐⑮ 駅の近くにチュウシャする。	⑮駐車
☐⑯ 風カオル初夏。	⑯薫る
☐⑰ ぶつかったセツナ，気を失った。	⑰刹那
☐⑱ ソボクな疑問が浮かぶ。	⑱素朴
☐⑲ 寝ぼけマナコで返事をする。	⑲眼
☐⑳ 秘密をバクロされる。	⑳暴露
☐㉑ 口はワザワイの元。	㉑災い
☐㉒ ジョウミャク注射を打たれる。	㉒静脈
☐㉓ 近くのジビカに行く。	㉓耳鼻科
☐㉔ 独特の食感がヤミツキになる。	㉔病みつき

★は新出漢字の教科書本文外の読み方です。

☑㉕★ 店員が新刊本を<u>ススメル</u>。	㉕薦める
☑㉖★ 早起きを<u>ショウレイ</u>する。	㉖奨励
☑㉗★ 予算内で費用を<u>マカナウ</u>。	㉗賄う
☑㉘★ 記念品を<u>ゾウテイ</u>する。	㉘贈呈

一〇〇年後の水を守る　教 p.88~p.95

☑① 空気を<u>ジュンカン</u>させる。	①循環
☑② 食パンを<u>イッキン</u>買う。	②一斤
☑③ <u>ニワトリ</u>の声で目が覚める。	③鶏
☑④ 小さな<u>ブタ</u>を飼う。	④豚
☑⑤ 野菜を<u>サイバイ</u>する。	⑤栽培
☑⑥ <u>ボウダイ</u>な水量を蓄えたダム。	⑥膨大
☑⑦ <u>キョダイ</u>なビルがそびえ立つ。	⑦巨大
☑⑧ 田んぼの水が<u>カレル</u>。	⑧枯れる
☑⑨ コップ<u>イッパイ</u>分の水分。	⑨一杯
☑⑩ <u>ハイキブツ</u>の処理場。	⑩廃棄物
☑⑪ 豊かな<u>ドジョウ</u>が広がる。	⑪土壌
☑⑫ 今後の人生を<u>ミスエル</u>。	⑫見据える
☑⑬★ <u>ケイシャ</u>で卵を拾い集める。	⑬鶏舎
☑⑭★ 席替えで期待に胸が<u>フクラム</u>。	⑭膨らむ
☑⑮★ 地域の風習が<u>スタレル</u>。	⑮廃れる

漢字を身につけよう４　教 p.104

☑① 話は五年前に<u>サカノボル</u>。	①遡（遡）る
☑② <u>ニセキ</u>の客船が寄港する。	②二隻
☑③ 小型<u>センパク</u>の免許（めんきょ）を取る。	③船舶
☑④ 有名な<u>ロウカク</u>を見学する。	④楼閣
☑⑤ 寺の<u>ブットウ</u>を写生する。	⑤仏塔
☑⑥ <u>ボウセキ</u>産業が盛んな地域。	⑥紡績
☑⑦ <u>センカ</u>を被る。	⑦戦禍
☑⑧ 先方の予定を<u>ウカガウ</u>。	⑧伺う
☑⑨ 多くの人が<u>イレイヒ</u>に参る。	⑨慰霊碑
☑⑩ 資源が<u>ジュンタク</u>にある国。	⑩潤沢
☑⑪ 立ち入り禁止の鉱山の<u>コウドウ</u>。	⑪坑道
☑⑫ 二つの町が<u>ガッペイ</u>する。	⑫合併
☑⑬ 市内に<u>テンポ</u>を構える。	⑬店舗
☑⑭ 繊細な<u>イショウ</u>の建造物。	⑭意匠
☑⑮ 様々な工夫を<u>コラス</u>。	⑮凝らす

☑⑯ セイチな計画を立てる。	⑯精緻
☑⑰ トウジキの人形を飾る。	⑰陶磁器
☑⑱ カセンの水質を調査する。	⑱河川
☑⑲ 川のサンカクスにすむ水鳥。	⑲三角州
☑⑳ 夕空にミョウジョウが光る。	⑳明星
☑㉑ 週末の予定は天気シダイだ。	㉑次第
☑㉒ 日照りで沼の水がヒアガル。	㉒干上がる
☑㉓ キカガクテキな模様の壁。	㉓幾何学的
☑㉔ クレナイに染まる朝焼け。	㉔紅
☑㉕ シンクのバラが咲く。	㉕深紅〈真紅〉
☑㉖★ 気落ちした友人をナグサメル。	㉖慰める
☑㉗★ 肌にウルオイが出る。	㉗潤い

枕草子（まくらのそうし）・徒然草（つれづれぐさ）　教 p.106~p.113

☑① お気に入りのムラサキ色の傘。	①紫
☑② オモムキのある風景。	②趣
☑③ 水辺でホタルを探す。	③蛍
☑④ 冬の朝にシモが降りる。	④霜
☑⑤ アマがお経を唱える。	⑤尼
☑⑥ 神社仏閣にモウデル。	⑥詣でる
☑⑦ イマシメを心に刻む。	⑦戒め
☑⑧★ ケイコウトウをつける。	⑧蛍光灯
☑⑨★ 周囲をケイカイする。	⑨警戒

平家物語　教 p.116~p.129

☑① カネの音に耳を澄ます。	①鐘
☑② 盛者（じょうしゃ）ヒッスイの理（ことわり）。	②必衰
☑③ 王家がエイガを極（きわ）めた時代。	③栄華
☑④ 大群で敵をウツ。	④討つ
☑⑤ 高台にジンを張る。	⑤陣
☑⑥ 体育館にマットをシク。	⑥敷く
☑⑦ 長いイクサの時代が終わる。	⑦戦
☑⑧ 雪原にツルが舞い下りる。	⑧鶴
☑⑨ 着物に桜の花をヌイトル。	⑨縫い取る
☑⑩ 残りのイッキが健闘する。	⑩一騎
☑⑪ ウスゲショウをして出かける。	⑪薄化粧
☑⑫ ビレイに着飾った婦人の絵。	⑫美麗
☑⑬ あの日のことがクヤマレル。	⑬悔やまれる

★は新出漢字の教科書本文外の読み方です。

☐⑭ ソデの長いセーター。	⑭袖
☐⑮ フクロの中に入れる。	⑮袋
☐⑯★ 年々記憶力がオトロエル。	⑯衰える
☐⑰★ ハナバナシイ活躍をする。	⑰華々しい〈華華しい〉

漢字のしくみ1　熟語の構成・熟字訓　教 p.138~p.139

☐① 遠くからライメイが聞こえる。	①雷鳴
☐② 壁面にオウトツをつける。	②凹凸
☐③ ケイチョウ用の封筒を買う。	③慶弔
☐④ 世界的に有名なチョウコク。	④彫刻
☐⑤ ニンシン六か月目に入る。	⑤妊娠
☐⑥ 宇宙船にトウジョウする。	⑥搭乗
☐⑦ 平安京へのセント。	⑦遷都
☐⑧ トクメイで投稿する。	⑧匿名
☐⑨ 事故のメンセキが下りる。	⑨免責
☐⑩ シッソウした容疑者が見つかる。	⑩失踪
☐⑪ 住所をサショウする。	⑪詐称
☐⑫ スナハマで貝を拾う。	⑫砂浜
☐⑬ シュンソクのランナー。	⑬俊足
☐⑭ 花の香りがビコウをくすぐる。	⑭鼻孔
☐⑮ 叔父(おじ)には三人のアイジョウがいる。	⑮愛嬢
☐⑯ 炊(た)き込みゴハンを作る。	⑯御飯
☐⑰ ニチボツの時間が早くなる。	⑰日没
☐⑱ 祖父の墓前でガッショウする。	⑱合掌
☐⑲ 何度もチョウセンする。	⑲挑戦
☐⑳ 経済の動向をガイカンする。	⑳概観
☐㉑ カイコンを残す結果となる。	㉑悔恨
☐㉒ 心にカットウを抱える。	㉒葛藤
☐㉓ 地球の中心部をチカクという。	㉓地核
☐㉔★ カミナリ注意報が出される。	㉔雷
☐㉕★ 作品に名前をホル。	㉕彫る
☐㉖★ 厚くオンレイ申し上げます。	㉖御礼
☐㉗★ フジの花が咲く。	㉗藤

漢字を身につけよう5　教 p.140

☐① 父母の妹をシュクボという。	①叔母
☐② カイキョウを泳いで渡る。	②海峡
☐③ キュウメイドウイを着用する。	③救命胴衣

☑④　ケンメイな判断をする。	④賢明
☑⑤　作業のシンチョクを報告する。	⑤進捗（捗）
☑⑥　ごメイフクをお祈りします。	⑥冥福
☑⑦　故人のシュッカンに立ち会う。	⑦出棺
☑⑧　村一番の長寿のロウオウ。	⑧老翁
☑⑨　アイシュウを感じる写真。	⑨哀愁
☑⑩　ケンソンを美徳とする。	⑩謙遜（遜）
☑⑪　ソウホウの意見を聞く。	⑪双方
☑⑫　実力ハクチュウの両選手。	⑫伯仲
☑⑬　待ちわびたキッポウが届く。	⑬吉報
☑⑭　ブンダンに現れた新人作家。	⑭文壇
☑⑮　ロウバシンから忠告する。	⑮老婆心
☑⑯　部活のコウハイと帰る。	⑯後輩
☑⑰　サムライの登場する映画。	⑰侍
☑⑱　イッペン行ったことがある国。	⑱一遍
☑⑲　振り仮名が振られた絵本。	⑲ふりがな
☑⑳　三味線の名人の演奏。	⑳しゃみせん
☑㉑　和装で足袋を履く。	㉑たび
☑㉒　草履を履いて出かける。	㉒ぞうり
☑㉓　腰に太刀をはいた武士。	㉓たち
☑㉔　竹刀の手入れをする。	㉔しない
☑㉕　相撲の大会に参加する。	㉕すもう
☑㉖　お客様を笑顔で迎える。	㉖えがお
☑㉗　梅雨入り宣言が出される。	㉗つゆ
☑㉘　五月雨に映えるあじさいの花。	㉘さみだれ
☑㉙　雲一つない五月晴れの空。	㉙さつき
☑㉚　突然の時雨にぬれて帰る。	㉚しぐれ
☑㉛　風邪のため学校を休む。	㉛かぜ
☑㉜　行楽によい日和になる。	㉜ひより
☑㉝　心地よい風が吹く。	㉝ここち
☑㉞　空港で土産を買う。	㉞みやげ
☑㉟★カシコイ判断とは言いがたい。	㉟賢い
☑㊱★フタゴの姉妹。	㊱双子

自立とは「依存先を増やすこと」 教 p.146~p.149

☑①　自力でクルマイスを動かす。	①車椅子
☑②　ニニンサンキャクの競技に出る。	②二人三脚

★は新出漢字の教科書本文外の読み方です。

漢字を身につけよう６　教 p.154

☐① 海中をタンサクする。	①探索
☐② 犬がイカクしてほえる。	②威嚇
☐③ シュウチシンを捨てる。	③羞恥心
☐④ カンヨウな態度の人。	④寛容
☐⑤ ラクノウの仕事を見学する。	⑤酪農
☐⑥ カマでさとうきびを切る。	⑥鎌
☐⑦ 麦のホが風に揺れる。	⑦穂
☐⑧ 稲(いね)をカリトル。	⑧刈り取る
☐⑨ カマメシのおいしい店。	⑨釜飯
☐⑩ きゅうりをスで漬(つ)ける。	⑩酢
☐⑪ 長時間鍋(なべ)でニコム。	⑪煮込む
☐⑫ キュウシで食べ物をかむ。	⑫臼歯
☐⑬ 箱の中にツメモノを入れる。	⑬詰め物
☐⑭ しょう油をジュウテンする。	⑭充填(塡)
☐⑮ ケツマクエンを治療(ちりょう)する。	⑮結膜炎
☐⑯ ヒフカで診(み)てもらう。	⑯皮膚科
☐⑰ 薬局にショホウセンを出す。	⑰処方箋
☐⑱ カイボウガクを教える。	⑱解剖学
☐⑲ セキツイ動物の研究。	⑲脊椎
☐⑳ キュウドウ部に入る。	⑳弓道
☐㉑ 先発隊からオクレをとる。	㉑後れ
☐㉒ 芸人にデシイリする。	㉒弟子入り
☐㉓ シテイ対決が実現する。	㉓師弟
☐㉔ 王から称号をサズカル。	㉔授かる
☐㉕ ゴールにはまだホドトオイ距離。	㉕程遠い
☐㉖ まさにカミワザといえる動き。	㉖神業
☐㉗ 別の可能性もアリウル。	㉗あ〈有〉り得る
☐㉘★ イシウスでそばの実をひく。	㉘石臼

小さな手袋　教 p.162~p.173

☐① 水草がハンモしている池。	①繁茂
☐② かわいらしいヨウセイの絵。	②妖精
☐③ 髪の短いコガラな女性。	③小柄
☐④ ヒザの上に猫を乗せる。	④膝
☐⑤ テサゲの袋に入れる。	⑤手提げ
☐⑥ 暗がりで猫のヒトミが光る。	⑥瞳

☐⑦ 母親によく似たムスメ。	⑦娘
☐⑧ 入学式にクロクツを履く。	⑧黒靴
☐⑨ 予期せぬ結末にフルエアガル。	⑨震えあがる
☐⑩ フシメがちに笑う。	⑩伏し目〈伏目〉
☐⑪ 父と母がバンシャクを楽しむ。	⑪晩酌
☐⑫ サントウからなる校舎。	⑫三棟
☐⑬ 島でシンリョウジョを開く。	⑬診療所
☐⑭ ショウニカで予防注射をする。	⑭小児科
☐⑮ 指のけがでショウゲカに行く。	⑮小外科
☐⑯ 文のマツビに句点を付ける。	⑯末尾
☐⑰ しばらく海外にタイリュウする。	⑰滞留
☐⑱ 重苦しい空気がタダヨウ。	⑱漂う
☐⑲ 米の不作がアヤブマレル。	⑲危ぶまれる
☐⑳ 時々持病のホッサが出る。	⑳発作
☐㉑ 成人のギシキに参加する。	㉑儀式
☐㉒ 激しいショウゲキに耐(た)える。	㉒衝撃
☐㉓ ヤクザイシツで働く。	㉓薬剤室
☐㉔ はやる気持ちをオサエル。	㉔抑える
☐㉕ 目に見えるハンイを探す。	㉕範囲
☐㉖ ホースから水がモレデル。	㉖漏れ出る
☐㉗ 期待に目がカガヤク。	㉗輝く
☐㉘★ 庭に雑草がおいシゲル。	㉘茂る
☐㉙★ ジシンの発生に備える。	㉙地震
☐㉚★ 患者(かんじゃ)の容体をミル。	㉚診る
☐㉛★ 虎のオを踏むような作戦だ。	㉛尾
☐㉜★ 工事のため交通がトドコオル。	㉜滞る
☐㉝★ 海をヒョウリュウする。	㉝漂流

漢字を身につけよう 7

教 p.180

☐① ジビインコウカで検査する。	①耳鼻咽喉科
☐② マ酔(すい)で熊を眠らせる。	②麻
☐③ 殿様にエッケンする。	③謁見
☐④ 国王にキョウジュンの意を示す。	④恭順
☐⑤ 歓待を受けてごマンエツだ。	⑤満悦
☐⑥ 多額のホウシュウを得る。	⑥報酬
☐⑦ 成功した友人にシットする。	⑦嫉妬
☐⑧ 判決をゲンシュクに受け止める。	⑧厳粛

★は新出漢字の教科書本文外の読み方です。

☑⑨ 先生の話をシンシに聴(き)く。	⑨真摯
☑⑩ セットウの罪を問う。	⑩窃盗
☑⑪ バイシンインに説明する。	⑪陪審員
☑⑫ 役所にコンイントドケを出す。	⑫婚姻届
☑⑬ 盛大なヒロウエンをとり行う。	⑬披露宴
☑⑭ シンジュのピアスを贈る。	⑭真珠
☑⑮ 金イチ万円也(なり)。	⑮壱
☑⑯ 祝儀(しゅうぎ)袋に「二万円」と書く。	⑯弐
☑⑰ コクダカの大きい大名。	⑰石高
☑⑱ 畑にセッカイをまく。	⑱石灰
☑⑲ タンモノから着物を作る。	⑲反物
☑⑳ 代々この地で雑貨をアキナウ。	⑳商う
☑㉑ ケイヒン工業地帯の特徴。	㉑京浜
☑㉒ 電池のジュミョウがくる。	㉒寿命
☑㉓ 上手にけん玉をアヤツル。	㉓操る
☑㉔★ アサの入った涼しげな生地。	㉔麻

動物園でできること　教 p.182~p.191

☑① ロウニャクナンニョが集(つど)う。	①老若男女
☑② 自由のメガミを見に行く。	②女神
☑③ 先生が家にオトズレル。	③訪れる
☑④ 百にもオヨブ参加国。	④及ぶ
☑⑤ 計画をジッセンに移す。	⑤実践
☑⑥ 鶏に飼料をアタエル。	⑥与える
☑⑦ 牛や豚などのカチク。	⑦家畜
☑⑧ 舞台のイショウに着替える。	⑧衣装
☑⑨ ウデを組んで考え込む。	⑨腕
☑⑩ 新しいシセツが完成する。	⑩施設
☑⑪ シコウサクゴの末，完成した。	⑪試行錯誤
☑⑫ 水鳥のハンショクチを保護する。	⑫繁殖地
☑⑬ カリをして生活する部族。	⑬狩り
☑⑭ ソウショクジュウの群れ。	⑭草食獣
☑⑮ ゲンソウテキな写真。	⑮幻想的
☑⑯ 後輩の活躍がホコラシイ。	⑯誇らしい
☑⑰ ガケノボリをする野生のヤギ。	⑰崖登り
☑⑱ 花壇をサクで囲む。	⑱柵
☑⑲★ ワンショウを付けた案内係。	⑲腕章

☐⑳★ 肥料を適正にホドコス。	⑳施す
☐㉑★ ケモノミチを歩いて山に入る。	㉑獣道
☐㉒★ マボロシを見るような表情。	㉒幻
☐㉓★ ダンガイ絶壁に立つ灯台。	㉓断崖

漢字のしくみ2　熟語の読み　教 p.193

☐① シュイロの印を押す。	①朱色
☐② モチュウはがきを送る。	②喪中
☐③ 給与形態がネンポウ制の会社。	③年俸
☐④ ゴイシを並べて遊ぶ。	④碁石
☐⑤ ノキサキで雨宿りをする。	⑤軒先
☐⑥ サンバシから船に乗る。	⑥桟橋
☐⑦ ワクナイの注意事項を読む。	⑦枠内
☐⑧★ 山頂に見えるイッケンの家。	⑧一軒

漢字を身につけよう8　教 p.198

☐① シヘイで支払う。	①紙幣
☐② ダセイ的に行動しない。	②惰性
☐③ ザンシンなデザインの洋服。	③斬新
☐④ この小説はケッサクだ。	④傑作
☐⑤ アイマイな答え方をする。	⑤曖昧
☐⑥ イチマツの寂しさを感じる。	⑥一抹
☐⑦ 国家間のマサツを避ける。	⑦摩擦
☐⑧ 産業の発展にヘイガイが生じる。	⑧弊害
☐⑨ ダンガイ裁判を行う。	⑨弾劾
☐⑩ 大臣がコウテツされる。	⑩更迭
☐⑪ ブジョクテキな扱いを受ける。	⑪侮辱的
☐⑫ 一方的な意見にフンガイする。	⑫憤慨
☐⑬ 会議がフンキュウする。	⑬紛糾
☐⑭ 資料をエツランする。	⑭閲覧
☐⑮ タダシガキを付ける。	⑮但し書き
☐⑯ ハンヨウセイの高い商品。	⑯汎用性
☐⑰ 由緒(ゆいしょ)正しいウジ。	⑰氏
☐⑱ 役所のスイトウガカリ。	⑱出納係
☐⑲ 信頼にムクイル。	⑲報いる
☐⑳ テイサイを取り繕う。	⑳体裁
☐㉑ ケビョウで会議に遅刻する。	㉑仮病
☐㉒ ユエあって決断をする。	㉒故

★は新出漢字の教科書本文外の読み方です。

☐㉓ 大会が終わったら部活をヤメル。	㉓辞める
☐㉔★ 道で転んで膝をスル。	㉔擦る

走れメロス　教 p.200~p.217

☐① ジャチボウギャクの振る舞い。	①邪知暴虐
☐② 流行にビンカンになる。	②敏感
☐③ ハナムコが挨拶をする。	③花婿
☐④ ドレスをまとったハナヨメ。	④花嫁
☐⑤ ケイリに捕まる。	⑤警吏
☐⑥ ミケンにしわを寄せる。	⑥眉間
☐⑦ チョウショウの的になる。	⑦嘲(嘲)笑
☐⑧ イノチゴイをする罪人。	⑧命乞い
☐⑨ 民宿のテイシュ。	⑨亭主
☐⑩ シンロウシンプと写真を撮る。	⑩新郎新婦
☐⑪ 選手代表がセンセイをする。	⑪宣誓
☐⑫ コヨイは満月だ。	⑫今宵
☐⑬ 喜びにヨウ。	⑬酔う
☐⑭ コブシで壁をたたく。	⑭拳
☐⑮ 河川のハンランを防ぐ。	⑮氾濫
☐⑯ ハシゲタを補強する。	⑯橋桁
☐⑰ 峠でサンゾクに襲われる。	⑰山賊
☐⑱ 相手をナグリタオス。	⑱殴り倒す
☐⑲ 敵の目をアザムク。	⑲欺く
☐⑳ ミニクイ争いをやめる。	⑳醜い
☐㉑ 有名なゼンラタイの彫刻。	㉑全裸体
☐㉒ ジョジョに減速する。	㉒徐々〈徐徐〉
☐㉓ 喜びのホウヨウを交(か)わす。	㉓抱擁
☐㉔ モウソウに取りつかれる。	㉔妄想
☐㉕★ 姉のトツギサキの家族。	㉕嫁ぎ先
☐㉖★ 忠誠を深く心にチカウ。	㉖誓う
☐㉗★ マスイカの医師の役割。	㉗麻酔科
☐㉘★ 強風で木がマルハダカになる。	㉘丸裸

漢字を身につけよう９　教 p.219

☐① ドンヨクに知識を吸収する。	①貪欲
☐② 話し合いの末，ダキョウする。	②妥協
☐③ 経営のラツワンを振るう。	③辣腕
☐④ ヘンズツウが治まる。	④偏頭痛〈片頭痛〉

☐⑤ 猫の声にナヤマサレル。	⑤悩まされる
☐⑥ 友人のグチを聞く。	⑥愚痴
☐⑦ タイマンな態度を改める。	⑦怠慢
☐⑧ シンボウならない騒音(そうおん)。	⑧辛抱
☐⑨ 心をオニにして子供を叱る。	⑨鬼
☐⑩ サイムシャに請求(せいきゅう)する。	⑩債務者
☐⑪ ソゼイを徴収する。	⑪租税
☐⑫ 年間入場者のルイケイを出す。	⑫累計
☐⑬ 本をコウニュウする。	⑬購入
☐⑭ 皇帝(こうてい)がタイカンシキに臨む。	⑭戴冠式
☐⑮ カンゲンガクの奏者。	⑮管弦楽
☐⑯ フットウして吹きこぼれる。	⑯沸騰
☐⑰ 花から色素をチュウシュツする。	⑰抽出
☐⑱ 叔父から釣りざおをもらう。	⑱おじ〈しゅくふ〉
☐⑲ 海外で暮らす伯父。	⑲おじ
☐⑳ 両親の妹は叔母と書く。	⑳おば〈しゅくぼ〉
☐㉑ 両親の姉は伯母と書く。	㉑おば
☐㉒ 息子に仕送りする。	㉒むすこ

☐㉓ 乳母車の中の赤ん坊(ぼう)。	㉓うば
☐㉔ 二十歳の娘がいる。	㉔はたち
☐㉕ 二十になった記念の写真。	㉕はたち
☐㉖ 言い返す意気地がない。	㉖いくじ
☐㉗ 浮つく気持ちを抑える。	㉗うわつく
☐㉘ 乙女心を持ち続ける。	㉘おとめ
☐㉙ 建て替えのため一時立ち退く。	㉙たちのく
☐㉚ 自然豊かな田舎で暮らす。	㉚いなか
☐㉛ 凸凹道を自転車で通る。	㉛でこぼこ
☐㉜ 車が砂利道を走る。	㉜じゃり
☐㉝ 最寄り駅に行く路線バス。	㉝もより
☐㉞ 若人が集まる場所。	㉞わこうど
☐㉟ 旅の名残を惜しむ。	㉟なごり
☐㊱ 逃げた鳥の行方が知れない。	㊱ゆくえ
☐㊲★ 長としてのクノウを抱える。	㊲苦悩
☐㊳★ オロカモノと罵(ののし)られる。	㊳愚か者
☐㊴★ カラクチの評論で知られる人物。	㊴辛口
☐㊵★ うまい話にギシンアンキになる。	㊵疑心暗鬼

枕草子・徒然草（枕草子）

教 p.106〜p.113

歴史的仮名遣い　現代仮名遣いを確認しよう。

□ ① やうやう …ようよう
□ ② 飛びちがひたる …とびちがいたる
□ ③ をかし …おかし
□ ④ あはれなり …あわれなり
□ ⑤ 言ふ …いう

古語の意味　意味を確認しよう。

□ ⑥ やうやう …しだいに
□ ⑦ をかし …趣がある。すばらしい
□ ⑧ いと …とても
□ ⑨ つとめて …早朝
□ ⑩ つきづきし …似つかわしい
□ ⑪ わろし …よくない
□ ⑫ うつくし …かわいらしい
□ ⑬ ちご …幼児
□ ⑭ うちかたぶきて …首をかしげて

作品　作品について確認しよう。

□ ⑮ 筆者 …清少納言
□ ⑯ 成立 …平安時代中期

枕草子・徒然草（徒然草）

教 p.106〜p.113

歴史的仮名遣い　現代仮名遣いを確認しよう。

□ ① 向かひて …むかいて
□ ② あやしう …あやしゅう
□ ③ 詣でけり …もうでけり
□ ④ なほざり …なおざり
□ ⑤ わづかに …わずかに

古語の意味　意味を確認しよう。

□ ⑥ つれづれなり …なすことがない
□ ⑦ よしなしごと …たわいもないこと
□ ⑧ 心うし …残念だ
□ ⑨ かち …徒歩
□ ⑩ 年ごろ …長年
□ ⑪ ゆかし …知りたい
□ ⑫ 本意 …目的
□ ⑬ 先達 …その道の指導者
□ ⑭ なほざり …いいかげんだ。おろそかにする

作品　作品について確認しよう。

□ ⑮ 筆者 …兼好法師
□ ⑯ 成立 …鎌倉時代末期

あとひと押し！　歴史的仮名遣い…語頭以外の「は・ひ・ふ・へ・ほ→わ・い・う・え・お」「む→ん」「ぢ・づ→じ・ず」「ゐ・ゑ・を→い・え・お」など。

平家物語

教 p.116〜p.129

歴史的仮名遣い　現代仮名遣いを確認しよう。

- ☑ ①あらはす…あらわす
- ☑ ②よはひ…よわい
- ☑ ③いづくに…いずくに
- ☑ ④助けまゐらせん…たすけまいらせん
- ☑ ⑤問ひたまふ…といたもう（といたまう）
- ☑ ⑥見知らうずるぞ…みしろうずるぞ
- ☑ ⑦心苦しう…こころぐるしゅう
- ☑ ⑧いとほしくて…いとおしくて

ポイント文　現代語訳を確認しよう。

- ☑ ⑨おごれる人も久しからず
  - 訳 おごりたかぶっている人も長くは続かない
- ☑ ⑩なにとてかかる憂きめをば見るべき
  - 訳 どうしてこのようなつらいめをみることがあろうか

係り結び　助詞と文末の結びつきを確認しよう。

- ☑ ⑪あれは大将軍とこそ見まゐらせ候へ。
- ☑ ⑫さめざめとぞ泣きゐたる。

漢詩の世界
漢文の読み方　漢詩の形式

教 p.132〜p.137

語句の意味　意味を確認しよう。

- ☑ ①春暁…春の夜明け方
- ☑ ②処処…あちらこちら
- ☑ ③煙花…花に立ちこめる霞
- ☑ ④天際…天の果て。空のはるかかなた
- ☑ ⑤春望…春の眺め
- ☑ ⑥家書…家族からの手紙
- ☑ ⑦然（燃）えんと欲す…今にも燃えだしそうだ

ポイント文　書き下し文と返り点を確認しよう。

- ☑ ⑧春眠不レ覚レ暁
  - 書き下し文 春眠暁を覚えず
- ☑ ⑨家書抵二万金一
  - 書き下し文 家書万金に抵る

作品　作品について確認しよう。

- ☑ ⑩春暁　作者…孟浩然　形式…五言絶句
- ☑ ⑪黄鶴楼にて孟浩然の広陵に之くを送る　作者…李白　形式…七言絶句
- ☑ ⑫春望　作者…杜甫　形式…五言律詩
- ☑ ⑬絶句　作者…杜甫　形式…五言絶句

あとひと押し！
漢詩の形式…一句が五字→五言　一句が七字→七言
四句からなる→絶句　八句からなる→律詩

文法の窓1　用言の活用

教 p.75／p.228～p.231

❂動詞の活用　活用形、活用の種類を確認しよう。

活用の種類	語例	語幹	未然形	連用形	終止形	連体形	仮定形	命令形
五段活用	話す	はな	さ・そ	し	す	す	せ	せ
上一段活用	起きる	お	き	き	きる	きる	きれ	きろ（きよ）
下一段活用	閉める	し	め	め	める	める	めれ	めろ（めよ）
カ行変格活用	来る	○	こ	き	くる	くる	くれ	こい
サ行変格活用	する	○	し・さ・せ	し	する	する	すれ	しろ（せよ）
	主な続く言葉		ナイ・ウ（ヨウ）など	マス・テ（テ）・タ（ダ）など	言い切る	体言やコト・ノなど	バ	命令の意味で言い切る

●活用形

☐ ① 未然形…話**さ**-ない／話**そ**-う
☐ ② 連用形…話**し**-ます／話**し**-て／話**し**-た
☐ ③ 終止形…話**す**。
☐ ④ 連体形…話**す**-こと／話**す**-のは
☐ ⑤ 仮定形…話**せ**-ば
☐ ⑥ 命令形…話**せ**。

●活用の種類

☐ ⑦ 五段活用　…ア段＋ない　例書く→書かない
☐ ⑧ 上一段活用　…イ段＋ない　例起きる→起きない
☐ ⑨ 下一段活用　…エ段＋ない　例閉める→閉めない
☐ ⑩ カ行変格活用　…「来る」のみ
☐ ⑪ サ行変格活用　…「する」「○○する」のみ

❂形容詞の活用　活用形を確認しよう。

語例	語幹	未然形	連用形	終止形	連体形	仮定形	命令形
広い	ひろ	かろ	かっ・く・う	い	い	けれ	○
主な続く言葉		ウ	タ・テ・ゴザイマスなど	言い切る	体言やコト・ノなど	バ	命令の意味で言い切る

●活用形

☐ ⑫ 未然形…高**かろ**-う
☐ ⑬ 連用形…高**かっ**-た／高**く**-て／高**う**-ございます
☐ ⑭ 終止形…高**い**。
☐ ⑮ 連体形…高**い**-こと／高**い**-のは
☐ ⑯ 仮定形…高**けれ**-ば

❂形容動詞の活用　活用形を確認しよう。

語例	語幹	未然形	連用形	終止形	連体形	仮定形	命令形
豊かだ	ゆたか	だろ	だっ・で・に	だ	な	なら	○
豊かです	ゆたか	でしょ	でし	です	（です）	○	○
主な続く言葉		ウ	タ・テなど	言い切る	体言やコト・ノなど	バ	命令の意味で言い切る

●活用形

☐ ⑰ 未然形…静か**だろ**-う
☐ ⑱ 連用形…静か**だっ**-た／静か**で**-ある／静か**に**-なる
☐ ⑲ 終止形…静か**だ**。
☐ ⑳ 連体形…静か**な**-こと／静か**な**-のは
☐ ㉑ 仮定形…静か**なら**-ば

あとひと押し！

「ない」がつくとき，動詞は未然形だが，形容詞と形容動詞は連用形になる。　例話さ‐ない　高く‐ない　静かで‐ない

文法の窓2　助詞・助動詞のはたらき

教 p.153／p.232～p.6

✲助詞のはたらきと種類　確認しよう。

●格助詞…主に体言について、言葉と言葉の関係を示す。

が	電話が鳴る。
を	顔を洗う。
に	先生に渡す。
で	バスで行く。
と	弟と妹がいる。
から	家からの距離。
へ	東へ向かう。

●接続助詞…次の語句にさまざまな関係が続くことを示す。

から	悲しいから泣く。
ば	やれば、できる。
が	待ったが、来なかった。
ながら	歩きながら考える。

●副助詞…さまざまな言葉について、意味をつけ加える。

も	犬も猫も好きだ。
こそ	今度こそ勝ちたい。
だけ	一つだけ残す。
ほど	五分ほど待つ。
など	麦茶などがあります。

●終助詞…主に文末について、さまざまな意味を表す。

か	これは誰の物ですか。
な	窓を開けるな。
かしら	これでいいかしら。

✲助動詞のはたらきと種類　確認しよう。

れる・られる	受け身	友人宅に招かれる。
	自発	やる気が感じられる。
	可能	まだ食べられる。
	尊敬	先生が話される。
せる・させる	使役（強制・許可・容認）	ノートに書かせる。
		決めさせてください。
だ	断定	明日は休日だ。
です	丁寧な断定	お席は、こちらです。
ます	丁寧	十時に始まります。
ない	打ち消し（否定）	決して許さない。
ぬ・ん		これが動かぬ証拠だ。
た・だ	過去	外はとても寒かった。
	完了	やっと山頂に着いた。
	存続	名前が書かれた札。
	確認	提出は明日でしたね。
たい	希望	家でのんびりしたい。
たがる		弟が外に出たがる。
う・よう	意志	ケーキは後で食べよう。
	勧誘［かんゆう］	一緒に歌おう。
	推量	おそらく甘かろう。
らしい	推定	台風が来るらしい。
ようだ	推定	明日は雨が降るようだ。
	たとえ	まるでお姫様のようだ。
	例示	このように並べます。
そうだ	様態	おいしそうな料理だ。
	伝聞	試合に勝ったそうだ。
まい	打ち消しの意志	人前では泣くまい。
	打ち消しの推量	もう覚えていまい。

あと ひと押し!
動詞につく「そうだ」の見分け方…終止形につく→伝聞（他から聞いた話を表す。）　連用形につく→様態（物事の様子を表す。）

文法のまとめ（文の成分の順序と照応・文の種類）

教 p.236〜p.237

✿文の成分の順序　文の意味をはっきりさせよう。

例 猫はすばやく逃げるねずみを捕まえた。

☐ ① 猫がすばやく捕まえた。
↓ 猫はすばやく、逃げるねずみを捕まえた。
↓ 猫は、逃げるねずみをすばやく捕まえた。

☐ ② すばやく逃げていたのがねずみ。
↓ 猫は、すばやく逃げるねずみを捕まえた。
↓ すばやく逃げるねずみを、猫は捕まえた。

例 私は弟と弟の友達をさがしに行った。

☐ ③ さがしに行ったのは、私。
↓ 私は、弟と弟の友達をさがしに行った。
↓ 弟と弟の友達を、私はさがしに行った。

☐ ④ さがしに行ったのは、私と弟。
↓ 私は弟と、弟の友達をさがしに行った。
↓ 私は、弟の友達を弟とさがしに行った。

✿文の成分の照応　組み立ての整った文にしよう。

例 ×私の今月の目標は、提出物を忘れずに出します。

☐ ⑤ 私の今月の目標は、提出物を忘れずに出すことです。

☐ ⑥ 私は、今月、提出物を忘れずに出します。

例 ×兄の得意科目は、数学が得意だ。

☐ ⑦ 兄の得意科目は、数学だ。

☐ ⑧ 兄は、数学が得意科目だ。

✿文の種類　文の作りを確認しよう。

☐ ⑨ 単文…一つの文の中に、主語（主部）と述語（述部）を一つずつ含む文。

例 馬が草原を駆ける。

例 転校生が自己紹介をする。

☐ ⑩ 複文…主語（主部）と述語（述部）からなる一つの文の中にさらに主述の関係をもつ部分がみられるもの。

例 雨が降ってきたので、傘をさした。

例 母が作ったケーキは、とてもおいしい。

☐ ⑪ 重文…二つの単文が対等の関係でつながった文。

例 姉は数学が得意で、妹は国語が得意だ。

例 おばあさんは山へ山菜を採りに行き、おじいさんは川へ魚釣りに行った。

あとひと押し！　複文と重文の見分け方…前後の単文を入れかえても意味が通じるものは重文。